D1355284

ISSN 0750-2516   ISBN 2-218-**01906**-X

Sommaire

5. Éléments d'une dramaturgie ionescienne

6. Un certain comique

7. Les ressources du langage

Annexes.

Note : Toutes les références au *Roi se meurt* renvoient à l'édition Colette Audry publiée par la Librairie Larousse.

Introduction

UNE LECTURE DU « ROI SE MEURT »

Il y avait une fois un roi très vieux et très puissant, qui commandait aux astres et aux hommes, qui avait fondé toutes les villes, inventé toutes les machines, écrit toutes les œuvres, et qui était si occupé qu'il avait fini par croire au présent perpétuel. Il y avait une fois un dramaturge sans dramaturgie préconçue qui, au cours d'une maladie, crut s'envaser dans les boues d'une panique viscérale[1]. Il connaissait le roi très vieux et très puissant, et l'idée lui vint d'imaginer son agonie. D'où cette pièce, dont il s'agit d'esquisser le « profil ».

Ionesco l'a souvent dit : le critique est un parasite, et l'auteur « en sait plus et moins que les autres[2] ». On mise pourtant sur son savoir, son intelligence et, parfois, sur son talent. On croit que ces vertus le prédisposent à élucider la production du créateur. C'est à la fois fondé et présomptueux, mais tout commentaire mérite attention lorsqu'il se présente comme une approche, lorsqu'il s'avoue « lecture » singulière, c'est-à-dire limitée et subjective, de ce qui se prête, par nature, à la pluralité des significations et des interprétations.

On voudra donc bien considérer le présent essai comme une *lecture* du *Roi se meurt*, cette pièce apparemment si simple qu'elle finit, pour des yeux pressés, par sembler banale dans ses thèmes, sa structure et sa manière. En fait,

1. Cf. infra, « Aux sources imaginaires de la mort du roi », p. 69 sqq.
2. *Découvertes*, Éd. Skira, 1969, p. 12.

cette nonchalance créatrice, cette transparence verbale peuvent cacher certaines intentions, certaines intuitions, qu'un critique a le droit et le devoir de sonder.

C'est à quoi nous nous sommes appliqué. Une étude complète eût exigé un volume de commentaires incompatible avec le format de la collection « Profil d'une œuvre ». Nous avons donc éliminé telles directions de recherches, dont le développement nécessiterait au moins autant de pages qu'on en va lire : les sources littéraires de la pièce, sa mise en scène. Des indications bibliographiques orientent, à la fin du présent opuscule, l'étudiant soucieux de compléter sa connaissance du *Roi se meurt*. Notre choix est délibéré, comme nos refus, qui n'ont pour justification que la bonne foi et les servitudes de l'essayiste.

On ne trouvera donc ici que certains traits du héros de la pièce, le roi Bérenger Ier, qu'une sorte de germination intellectuelle et affective au contact du sol dramatique de Ionesco. Ce « profil » est plus l'œuvre d'un homme sensible que celle d'un prétendu savant. Nous pensons, en effet, que toute littérature critique échappe aux exigences scientifiques. Qui oserait, d'ailleurs, prétendre révéler le visage entier du roi mourant ? Comme tout personnage théâtral, il n'est visible qu'aux feux de la rampe. Encore y demeure-t-il voilé par les « fantaisies » individuelles.

CHRONOLOGIE

VIE ET ŒUVRES D'EUGÈNE IONESCO	ÉVÉNEMENTS CONTEMPORAINS (littéraires, artistiques, politiques, etc.)
1912 Naissance d'Eugène Ionesco (26 novembre) à Slatima (Roumanie)	
1913 Ionesco vient en France. Enfance à Paris (Square Vaugirard) et à La Chapelle-Anthenaise (village de la Mayenne)	
1914-1918	Première Guerre mondiale
1924	1re représentation de *L'étoile au front*, de Raymond Roussel 1re représentation, à Paris, de *Chacun sa vérité*, de Pirandello
1925 Retour en Roumanie d'Eugène Ionesco, âgé de 13 ans. Il apprend le roumain	Hitler : *Mein Kampf* Kafka : *Le procès* Première Exposition Surréaliste
1928	Roger Vitrac : *Victor ou les enfants au pouvoir*
1929 Ionesco étudiant à l'Université de Bucarest	Cocteau : *Les enfants terribles* Heidegger : *Qu'est-ce que la métaphysique ?*
1930 Premiers articles de Ionesco dans la revue *Zodiac*	
1931 Ionesco : *Élégies pour des êtres minuscules* (poèmes)	Anouilh : *L'hermine*
1932	Céline : *Voyage au bout de la nuit*
1933	Hitler au pouvoir en Allemagne Giraudoux : *Intermezzo* Malraux : *La condition humaine*
1934 Ionesco : *Nu* (= non), recueil d'articles et d'extraits d'un « Journal »	Anouilh : *La sauvage* Cocteau : *La machine infernale* Freud : *Malaise dans la civilisation* (trad. française) R. Vitrac : *Le coup de Trafalgar* En Autriche : assassinat du chancelier Dollfuss

VIE ET ŒUVRES D'EUGÈNE IONESCO	ÉVÉNEMENTS CONTEMPORAINS (littéraires, artistiques, politiques, etc.)
1935	Giraudoux : *La guerre de Troie n'aura pas lieu* R. Roussel : *Comment j'ai écrit certains de mes livres* Guerre d'Éthiopie
1936 Ionesco épouse Rodica Burileano, étudiante en philosophie	Freud : *L'inconscient* (trad. française) Sartre : *L'imagination* En France : Le Front Populaire En Espagne : La guerre civile En URSS : début des « Procès de Moscou »
1937 Ionesco est professeur dans un Lycée de Bucarest	Anouilh : *Le voyageur sans bagages* Brecht : *La vie de Galilée* Giraudoux : *Électre, L'Impromptu de Paris* Malraux : *L'espoir* Mauriac : *Asmodée*
1938 Ionesco obtient une bourse du gouvernement roumain. Il se rend à Paris pour y préparer une thèse sur les thèmes du péché et de la mort dans la poésie moderne	Artaud : *Le théâtre et son double* Brecht : *Mère courage* Camus : *Noces* Cocteau : *Les parents terribles, La voix humaine* Giraudoux : *Ondine* Salacrou : *La terre est ronde* Sartre : *La nausée* R. Vitrac : *Les demoiselles du large* Conférence de Munich
1939 Retour de Ionesco à La Chapelle-Anthenaise. Séjour à Marseille au moment où éclate la Deuxième Guerre mondiale. Il s'installe à Paris	Salacrou : *Histoire de rire* Tchakotine : *Le viol des foules* Début de la Deuxième Guerre mondiale
1940	Breton : *Anthologie de l'humour noir* Cocteau : *Les monstres sacrés* Sartre : *L'imaginaire* La France est envahie par les troupes allemandes
1941	Cocteau : *La machine à écrire*
1942	Anouilh : *Antigone* Montherlant : *La reine morte*
1943	Claudel : *Le soulier de satin* Malraux : *Les noyers de l'Altenburg* Sartre : *L'être et le néant, Les mouches*
1944 Naissance d'une fille au foyer Ionesco : Marie-France	Camus : *Caligula* Sartre : *Huis clos* Libération du territoire français par les Alliés.

VIE ET ŒUVRES D'EUGÈNE IONESCO	ÉVÉNEMENTS CONTEMPORAINS (littéraires, artistiques, politiques, etc.)
1945	Capitulation de l'Allemagne Bombardement atomique de Hiroshima Capitulation du Japon Conférence de Yalta
1946	Début de la guerre d'Indochine
1947	Sartre : *Les mains sales* Création du Kominform
1948 Ionesco commence à écrire *La cantatrice chauve*	Bernanos : *Dialogue des carmélites* Camus : *L'état de siège* Genet : *Les bonnes*
1950 Création de *La cantatrice chauve*, antipièce, au théâtre des Noctambules	Bergman : *Jeux d'été* (film) Camus : *Les justes* Ghelderode : Théâtre : tome I (pièces écrites entre 1918 et 1937)
1951 Création de *La leçon*, drame comique, au théâtre de Poche	Beckett : *Molloy* Montherlant : *La ville dont le prince est un enfant* Sartre : *Le diable et le bon Dieu*
1952 Création des *Chaises* au Nouveau-Lancry	Adamov : *La parodie* Aymé : *La tête des autres*
1953 Création de *Victimes du devoir*, pseudo-drame, au théâtre du Quartier Latin	Adamov : *Tous contre tous* Beckett : *En attendant Godot* Robbe-Grillet : *Les gommes* Mort de Staline
1954 Création de *Amédée ou comment s'en débarrasser* au théâtre de Babylone Publication de *Oriflamme* et du *Théâtre*, tome I.	Brecht : *La bonne âme de Sé-Tchouan* (création en France) Début de la guerre d'Algérie
1955 Création, en Finlande, en langue suédoise, du *Nouveau locataire* Création, à Paris, de *Jacques ou la soumission* au théâtre de la Huchette Publication de *La photo du colonel* (récits) Création de *L'impromptu de l'Alma ou Le caméléon du berger* au théâtre d'Aujourd'hui	Fellini : *La strada* (film) Robbe-Grillet : *Le voyeur*
1956 Reprise des *Chaises* au Studio des Champs-Élysées Ionesco écrit le récit intitulé : *La vase*	Camus : *La chute* Affaire de Suez ; Échec du soulèvement hongrois Rapport Khrouchtchev au XXe Congrès du P.C. de l'URSS

VIE ET ŒUVRES D'EUGÈNE IONESCO	ÉVÉNEMENTS CONTEMPORAINS (littéraires, artistiques, politiques, etc.)
1957 Première représentation, en France, du *Nouveau locataire* au théâtre d'Aujourd'hui Publication de *Rhinocéros* (nouvelle) dans *Les lettres nouvelles* (septembre)	Beckett : *Fin de partie* Butor : *La modification* Dürenmatt : *La visite de la vieille dame* Genet : *Le balcon* L'URSS lance le 1er spoutnik
1958 Publication du *Théâtre*, tome II Lecture de *Rhinocéros* (pièce) au Vieux-Colombier Création de *Rhinocéros* au Schauspielhaus de Düsseldorf Polémique avec l'*Observer*	Les États-Unis lancent leur 1er satellite 13 mai : fin de la IVe République française. De Gaulle élu Président de la Ve (21 décembre)
1959 Publication de *Rhinocéros* (pièce) Création de *Scène à quatre* au Festival de Spolète Création de *Tueur sans gages* au théâtre Récamier	Anouilh : *Becket ou l'honneur de Dieu* Claudel : *Tête d'or* (création) Sartre : *Les séquestrés d'Altona* Vian : *Les bâtisseurs d'empire*
1960 Création, en France, de *Rhinocéros*, au théâtre de France	Antonioni : *L'avventura* (film) Fellini : *La dolce vita* (film) Pinter : *Le gardien* Kennedy devient Président des U.S.A.
1961 *La colère*, sketch pour le film *Les 7 péchés capitaux*	Adamov : *Le printemps 71* Beckett : *Comment c'est* Billetdoux : *Va donc chez Thörpe* Gagarine, dans le Cosmos ; Premier vol spatial américain.
1962 Création de *Délire à deux* au Studio des Champs-Élysés Création de *L'avenir est dans les œufs* au théâtre de la Gaîté-Montparnasse Création du *Roi se meurt*, le 15 décembre, à l'Alliance Française Publication de *Notes et contre-notes*	Hochhuth : *Le vicaire* Jarry : *Tout Ubu* (posthume)
1963 Création du *Piéton de l'air* à Düsseldorf, puis à Paris au Théâtre de France Publication du *Théâtre*, tome III	Beckett : *Oh, les beaux jours !* Assassinat du Président Kennedy
1964	Première bombe atomique chinoise
1965 Création, à Düsseldorf, de *La soif et la faim*	Crise du Vietnam Un homme « marche » dans l'espace, devenant ainsi le premier « piéton de l'air »
1966 Création, à Paris, de *La soif et la faim*, à la Comédie-Française, de *La lacune*, au Théâtre de France, et reprise de *Délire à deux* Publication du *Théâtre*, tome IV Publication des *Entretiens avec Ionesco* par Claude Bonnefoy	Genet : *Les paravents*

VIE ET ŒUVRES D'EUGÈNE IONESCO	ÉVÉNEMENTS CONTEMPORAINS (littéraires, artistiques, politiques, etc.)
1967 Publication du *Journal en miettes*	
1968 Publication de *Présent passé passé présent* Ionesco entre dans la collection des « Nouveaux classiques Larousse »	Mouvement étudiants dans le monde, et en particulier en France Crise de mai
1969 Création de pièces courtes inédites au café-théâtre de l'Absidiole Publication de *Découvertes* Ionesco obtient le Grand Prix du théâtre	Départ de Charles de Gaulle Élection de Pompidou L'homme marche sur la lune (vol Apollo XI)
1970 Publication de *Jeux de Massacre* Ionesco est élu à l'Académie Française Voyage en Amérique du Sud	1er satellite chinois *Satyricon*, de Fellini (film)
1971 Ionesco est reçu à l'Académie Française Tournage d'un film tiré du récit *La váse* (avec Ionesco comme interprète)	
1972 Publication de *Macbett*	Annie Kriegel : *Les grands procès dans les systèmes communistes* Jarry : *Œuvres complètes* (tome I) publiées dans « La Pléiade » par Michel Arrivé
1973 Création de *Ce Formidable Bordel* Publication d'un roman : *Le Solitaire*	
1974	Soljenitsyne commence la publication de *L'Archipel du Goulag*
1975 Création de *L'Homme aux Valises*	
1977 Publication *d'Antidotes*, recueil d'articles polémiques, notes, fragments, hommages écrits entre 1960 et 1977	
1978	Jarry : *Ubu*. Édition des quatre « Ubu » par Noël Arnaud et Henri Bordillon dans la collection « Folio »
1979 Tournage d'un film tiré de *Rhinocéros*	

1 Genèse et pratique d'une pièce

IONESCO SE MEURT

Toutes les œuvres d'Eugène Ionesco répondent à des questions que l'auteur se pose en permanence, sur les pièges du langage, la contagion idéologique, la comédie humaine et ses pauvres ruses, mais aucune n'est autant l'écho de sentiments personnels que *Le roi se meurt*. Créée le 15 décembre 1962 à Paris, cette pièce est née de son obsession majeure : la mort, que l'on peut retrouver tout au long d'une production qui, en vingt ans (de 1950 à 1970), a dominé l'actualité littéraire française. Se penchant sur son passé d'enfant, d'homme et d'écrivain, Ionesco a livré au public quantité de pages qui forment l'auto-explication de textes la plus abondante et la plus précise qu'aucun critique puisse rêver. Les *Notes et contre-notes*, le *Journal en miettes*, *Présent passé passé présent*, sont comme la révélation des secrets d'atelier et des propos du peintre. Ordonnées ou en vrac, selon l'humeur batailleuse ou l'inspiration affective, les racines profondes de la création sont mises à jour par la moins conformiste des vedettes de la littérature contemporaine. Ses confidences, ses souvenirs, ses aveux et ses questions n'éclairent certes pas tout l'homme, qui demeure un homme de lettres, c'est-à-dire un mystère que perceront peut-être plus tard les critiques, mais cet ensemble de précisions polémiques et de révélations autobiographiques permet de comprendre pourquoi Bérenger Ier agonise le temps d'une pièce : c'est parce que Ionesco se meurt de l'idée qu'il va mourir.

DE L'AGE D'OR A L'AGE DE PLOMB

« Je veux être un bébé » (p. 96), s'écrie le roi lorsque, pris de panique, il admet qu'il n'est pas au-dessus des lois de la condition humaine. Dans ce cri, comme tout un chacun, au moment des approches de la mort, Bérenger exprime le désir de retrouver « des bras chauds... des bras frais... des bras tendres... des bras fermes » (p. 99), le désir de retourner vers l'âge d'or, avant la conscience du temps.

Cet âge d'or, Ionesco l'a défini comme « l'âge de l'enfance, de l'ignorance ; dès que l'on sait que l'on va mourir, l'enfance est terminée [1] ». L'enfant vit dans un présent de plénitude, hors du temps, donc dans une sorte d'éternité, dans un « monde du miracle ou du merveilleux [2] », qui ressemble à l'Éden : « Être chassé de l'enfance, c'est être chassé du paradis, c'est être adulte [3]. »

Ionesco a éprouvé très jeune cette exclusion. Dès les premières pages de son *Journal en miettes*, il pose cette découverte comme une interruption du bonheur atemporel. L'idée de la mort a pris possession de son être, et très tôt : « A quatre ou cinq ans, je me suis rendu compte que je deviendrais de plus en plus vieux, que je mourrais [4]. » Et, en écho, dans *Découvertes :* « A quatre ans, j'ai appris la mort. J'ai hurlé de désespoir [5]. » Suivent une série de « il y avait », qui battent, comme un glas, l'écoulement du passé devenu perceptible et obsédant. Depuis cette révélation, qui foudroya ses euphories infantiles, Ionesco n'a jamais cessé de « courir après le présent [6] », comme un homme qui redoute l'écoulement vers un monde où pèsent les choses et les êtres, où la « serviette (est) de plomb [7] ». Borné dans ses thèmes, il en varie les présentations plus qu'il n'en pèse la nécessité ou l'efficacité.

1. *Journal en miettes*, Mercure de France, 1967, p. 31.
2. *Ibid.*, p. 64.   3. *Ibid.*, p. 65.   4. *Ibid.*, p. 13.   5. *Découvertes*, op. cit., p. 58.
6. *Journal en miettes*, p. 34.
7. *La vase*, récit publié dans le recueil *La photo du colonel*, Gallimard, 1962, p. 139.

L'INVRAISEMBLABLE SOCRATE

Ionesco n'est pas un intellectuel - il le dit lui-même -, au sens où l'intellectuel est homme de références érudites, mais il lui arrive de lire : Jung [1] et Spengler [2], les œuvres de psychanalyse et de pataphysique [3], ce qui n'est pas si mal pour un homme au rêve habitué. Il avoue même s'être plongé dans *Phédon* [4], mais Socrate ne l'a convaincu d'aucune probabilité de « vivre dans un monde supérieur ». Pour l'auteur du *Roi se meurt*, les philosophies n'expliquent rien et « nous sommes nés trompés [5] ». Il s'est installé dans une angoisse « lucide, présente, glaciale. Peur du néant [6] », et sa pièce visualise cette angoisse devant la vie-mort, devant cette existence, dit-il, « que l'on m'a imposée, qui m'est reprise au moment où je l'ai acceptée [7] ». D'où son sentiment d'être pris au piège de la farce, accablé par un « malaise existentiel [8] ». D'où cette phrase, qui résume assez bien les découvertes de Bérenger : « J'ai été torturé, je le suis, à la fois par la crainte de la mort, l'horreur du vide, et par le désir ardent, impatient, pressant de vivre [9]. » D'où ce à quoi échappait Socrate, et que nous nommerons *morsalgie*, ou souffrance de mort. D'où *Le roi se meurt*, qui constitue comme un « blason » de la mort, c'est-à-dire une sorte de catalogue dramatique des étapes qui conduisent à la conscience du néant.

---

1. Jung (Carl Gustav, 1875-1961), psychiatre suisse dissident du freudisme. A l'inconscient personnel sondé par S. Freud, il a ajouté la notion d'inconscient collectif, réservoir d'archétypes, c'est-à-dire d' « images anciennes qui appartiennent au trésor commun de l'humanité ».
2. Spengler (Oswald, 1880-1936), philosophe allemand qui nie l'existence des progrès de l'esprit humain et soutient la théorie d'une alternance de cycles de culture et de déclin. Son œuvre la plus connue est *Déclin de l'occident* (1918).
3. Pataphysique : mot inventé par Alfred Jarry (1873-1907) et qui, aux termes de la définition donnée par un de ses personnages, le Docteur Faustroll, est « la science des solutions imaginaires ». Notons qu'Eugène Ionesco est membre du « Collège de Pataphysique », dont il est Satrape (la plus haute dignité conférée par ledit « Collège »). *Cf. infra*, p. 80, la liste des publications du « Collège de Pataphysique » où a figuré Ionesco.
4. *Journal en miettes*, p. 40. Le *Phédon* est un ouvrage de Platon qui, en rapportant les derniers moments de Socrate, traite de l'immortalité de l'âme.
5. *Ibid.*, p. 52. **6.** *Ibid.*, p. 40. **7.** *Ibid.*, p. 51. **8.** *Ibid.*, p. 28. **9.** *Ibid.*, p. 65.

QU'ÉCRIRE C'EST APPRENDRE A MOURIR

La naissance et la progression de l'idée de mort, chez l'enfant, chez l'adulte qui sursaute au bruit des cloches qui « sonnent pour un enterrement [1] », chez l'homme vieillissant et malade qui s'est raconté dans La vase, cette prise de conscience de l'inéluctable marche dans le temps n'apportent que peu d'aide à celui qui approche réellement du fatal dénouement. Pour en supporter la « cérémonie », les religions ancestrales ressassaient leurs mythes euphorisants, les philosophies, celle de Platon ou celle des Stoïciens, proposaient quelque idéalisme ou quelque résignation, mais Ionesco récuse ces fausses libérations. Il n'est pourtant point comme le Bérenger du Piéton de l'air [2], qui, ne pouvant plus écrire parce qu'il sait qu'il va mourir, se met à pédaler dans un ciel onirique, vers les collines de l'au-delà, par-dessus le pont d'argent, qui sépare les vertes pelouses britanniques du pays des anges. Il sait qu'un tel envol ne permet de découvrir que la terre, qu'une autre face de la terre, où les truies règnent « sur des archanges vaincus, sur des anges déçus », où l'on apprend « l'optimisme sous la menace des poignards [3] ». Pour échapper à l'esclavage de l'angoisse, Ionesco n'a rien inventé de nouveau : il s'est réfugié dans l'écriture.

Pour lui, écrire c'est apprendre à mourir. Retraçant la genèse morale du Roi se meurt, il note dans son Journal en miettes : « J'avais écrit cette œuvre pour que j'apprenne à mourir. Cela devait être une leçon, comme une sorte d'exercice spirituel, une marche progressive, étapes par étapes, que j'essayais de rendre accessible vers la fin inéluctable [4]. » La pièce, en somme, fut conçue comme une « aventure », l'exercice de l'art dramatique acquérant une finalité analogue à celle des mystères d'Éleusis, dont Georges Méautis [5] a rappelé qu'ils furent institués « pour dissiper la peur de la mort ». Il est superflu d'ajouter que si Ionesco ne fonde aucun espoir sur l'au-delà, sa démarche demeure fondamentalement mystique. Le bâtisseur de la Grande Muraille, l'empereur chinois Tsin-Che-Huang, avait donné l'ordre à des moines

---

1. Journal en miettes, p. 10.
2. Le piéton de l'air, récit publié dans le recueil La photo du colonel, Gallimard, 1962.
3. Ibid., p. 83.
4. Journal en miettes, p. 147.
5. Dans Les dieux de la Grèce et les mystères d'Éleusis, éd. P.U.F., 1959.

taoïstes d'inventer un élixir d'immortalité. Comme Alfred de Vigny, dans *La bouteille à la mer*, Ionesco sait que seul l'artiste sécrète cet élixir, non pas tellement parce qu'il élabore un baume contre le temps rongeur, mais parce que la création se révèle, en définitive, comme le meilleur stupéfiant. L'écriture n'apprend pas réellement à mourir, ou alors les doctrines auraient même vertu, mais dans la mesure où elle est spectacle qu'on se donne à soi-même, elle est drogue cathartique [1], ce que les Anciens ont toujours su.

Ionesco est parfaitement conscient de cette purification, qui écrit sans équivoque : « Je me décharge de mes toxines en les écrivant [2]. » Accessoirement, et nous le savons par le *Journal en miettes*, il a pensé, faisant mourir Bérenger Ier, aider autrui à mourir : « Si cela avait pu être une leçon pour les autres, cela m'encouragerait peut-être à penser qu'il se pourrait que je profite de ma propre leçon [3]. » Mais il ignore si ce transfert d'assistance est possible. Le poète roumain Vinea ayant traduit la pièce dans sa langue, peu avant de mourir, Ionesco s'interroge : « Cela a-t-il pu lui être d'un secours quelconque [4] ? »

Seuls les gens de foi pensent que l'on peut assumer la mort d'autrui. C'est ce que Bernanos a illustré scéniquement dans son *Dialogue des carmélites*. Sœur Blanche peut finalement vaincre sa peur, affronter le martyre, parce que la Prieure assume sa mort d'angoisse. Nous sommes dans un monde où règnent la réversibilité des mérites et la communion des saints [5]. Ionesco semble étranger à ces certitudes. Il croit pourtant à la puissance des mots au moment des approches de la mort. Dans son *Journal en miettes*, il raconte la mort de son amie Sorana Gurian. Elle souffrait, et « Michel M., psychothérapeute, pensait que l'angoisse dans laquelle vivait Sorana était inhumaine, intolérable. Il décida de faire quelque chose pour elle, de l'aider au mieux de ses

---

1. C'est-à-dire purificatrice. Selon Aristote la « catharsis », la « purification des passions », se produit devant le spectacle tragique : l'âme est délivrée de ses passions violentes lorsqu'on les voit portées sur la scène.
2. *Journal en miettes*, p. 129.
3. *Journal en miettes*, p. 147.
4. *Ibid.*, p. 147.
5. Réversibilité des mérites : doctrine théologique selon laquelle les mérites obtenus par certains sont réversibles sur d'autres, en vertu du principe catholique qui affirme la communion des saints, c'est-à-dire le fait que les biens spirituels sont communs à tous les membres de l'Église.

forces. (...) Il se devait d'apprendre à Sorana à mourir, de lui apprendre la mort. Il réussit dans cette difficile entreprise. Un matin, toute calme, Sorana déclara au médecin qui venait lui faire la piqûre quotidienne, qu'elle ne voulait plus, qu'elle ne voulait pas non plus être endormie, afin de garder une conscience intacte jusqu'au dernier moment. Une semaine après elle mourut, dignement, comme elle l'avait désiré [1] ». Dans *Le roi se meurt*, ce n'est pas le médecin qui joue ce rôle persuasif, c'est la reine Marguerite, dont l'implacabilité, nous le verrons, n'est pas aussi cruelle qu'un vain peuple le pense.

UNE DÉLIVRANCE PROVOCATRICE

Est-ce à dire que Ionesco assigne à sa pièce un propos didactique ? Ce serait contraire à toute sa dramaturgie. Plusieurs fois, il a dit son mépris pour ces professeurs-écrivains que sont Brecht et Sartre, et une réplique - non retenue pour la version définitive - confirme son peu d'espoir d'être utile aux hommes dans leur agonie. Ionesco, en effet, avait projeté de faire dire à « la reine » (et il ne peut s'agir que de Marguerite) : « Ils portent en eux leur propre mort, ils ne peuvent pas porter la tienne [2]. » Nous, spectateurs ou lecteurs, sommes témoins de la « cérémonie » au bout de laquelle Bérenger accède à l'impondérable immobilité du néant, et seuls, individuellement, nous pouvons confirmer ou infirmer ce pessimisme. Il n'en reste pas moins vrai que *Le roi se meurt* nous invite au spectacle du dépouillement total. La pièce, comme toute grande œuvre, n'est pas un message mais une provocation. Ainsi que dans le reste de ses écrits, dramatiques ou non, Ionesco y passe, comme on s'envole, de l'obsession à l'expression.

Tout ce qu'il a écrit en dehors de la pièce confirme ce que Freud prétend quant à l'art comme moyen, pour l'homme, d'échapper à une situation sans issue. S'agissant du désir

1. *Journal en miettes*, p. 187-188.
2. *Ibid.*, p. 73.

interdit de l'immortalité, et de cette contrainte absolue qu'est la condition mortelle, l'œuvre est bien une sublimation [1] : mourir en imagination, ou faire mourir Bérenger Ier, c'est substituer la mort-mensonge à la mort-réalité. Ainsi conçu, l'art n'est plus livraison de messages, il est délivrance [2].

1. Le concept freudien de sublimation est pris, ici, non dans le sens de la transformation de pulsions sexuelles en activité mais dans celui de transformation plus large d'une énergie, d'une pulsion quelconque en activité artistique. Et cette transformation est, au moins en apparence, substitution, délivrance.
2. Encore n'est-il pas certain que la création de « délires et rêves » (Freud : *Délires et rêves dans la « Gravida » de Jeusen*, éd. Gallimard, 1949) puisse résoudre le tragique. Cf. sur ce sujet Paul Ricœur : *Le conflit des interprétations* (Éd. du Seuil, 1969, p. 158-159).

EXPOSITION

En des temps dont lui-même a perdu la mémoire, le roi Bérenger Ier règne sur un territoire indéterminé. Lorsque le rideau se lève, l'unique Garde du royaume annonce la Cour : Sa Majesté, le roi, qui entre, traverse la salle du trône et sort, leurs Majestés et reines, Marguerite « première épouse du roi », Marie « seconde épouse du roi, première dans son cœur », suivies de l'unique Juliette, « femme de ménage et infirmière », et de « Sa Sommité, Monsieur le Médecin du Roi, chirurgien, bactériologue, bourreau et astrologue » (p. 29-30). La cocasse ambiguïté des titres et fonctions s'installe dans une étrange salle du trône, que son inconfort et sa saleté font prendre, par Juliette, pour un « living-room » (p. 31), et dont la disposition, avec un trône surélevé dominant « deux trônes plus petits » (p. 28), ressemble à celle d'un tribunal.

Il fait froid : l'installation de chauffage ne fonctionne plus (p. 30-31), et le soleil est rebelle (p. 31). La résidence royale est menacée : les murs se fissurent (p. 31-32). Ces signes de destruction font pleurer la reine Marie, à qui la reine Marguerite reproche son insouciance et son goût des fêtes (p. 35-36). Il convient de redevenir lucide et d'avoir la force d'annoncer au roi qu'ils présagent la fin de son règne. La reine Marie, qui a compris, craint de n'avoir pas le courage de jouer son « rôle » (p. 43), et espère encore que le roi pourra refuser son

1. Ionesco, dans *Le roi se meurt*, a supprimé toute partition en actes et scènes, désirant donner à la pièce un déroulement linéaire continu.

destin. Marguerite décrit l'état du royaume, sans fermeté dans son sol (p. 43-44), sans discipline ni puissance militaires (p. 44), sans renouvellement ni accroissement démographiques (p. 45). Le royaume de Bérenger Ier est peuplé de vieillards (p. 45). Ce royaume et son roi sont malades.

Le Médecin révèle alors que le roi n'est pas opérable (p. 46) et, en sa qualité d'astrologue, que des signes célestes confirment l'imminence d'une catastrophe inéluctable. La fiche clinique du monde est conforme à celle du souverain, qui fait son entrée en musique.

Bérenger Ier « a les pieds nus » (p. 49) comme un condamné à mort d'estampe. Il gémit sur le désordre qui s'étend à tout son royaume, au cosmos, au palais, à son propre corps. Il consulte le médecin, qui confirme la révélation faite par la reine : « Majesté, la reine Marguerite dit la vérité, vous allez mourir » (p. 55). Ainsi devraient s'expliquer tous les symptômes d'anéantissement que la Cour a remarqués, mais le roi veut en ignorer la portée. S'il reconnaît que rien ne va plus comme par le passé (p. 55-57), il croit aux effets réparateurs de sa volonté. Et d'abord de sa volonté de vivre : « Je mourrai, dit-il, quand je voudrai, je suis le roi, c'est moi qui décide » (p. 59).

Commence alors l'investissement de cette âme aveuglée. Sauf Marie, qui le presse de croire encore à ses pouvoirs (p. 63), la Cour s'emploie à persuader le roi qu'il agonise : on lui prouve la dégradation de sa force royale (p. 62), de ses forces physiques (p. 64), l'instabilité de sa couronne et de son sceptre, qui tombent (p. 66), on lui rappelle ses échecs (p. 67). Mais le roi ne voit que « sorcellerie » (p. 69) dans ces démonstrations d'infirmité morale et charnelle. Il tente encore de donner des ordres à la nature, aux choses, aux êtres qui l'entourent, à lui-même (p. 73-74). En vain. La reine Marguerite déclenche alors le compte à rebours : « Tu vas mourir dans une heure vingt-cinq minutes » (p. 74), et le garde annonce que « la cérémonie commence » (p. 75).

LA CÉRÉMONIE

Cette « cérémonie » est celle d'une exécution capitale dont le condamné doit obligatoirement reconnaître la légitimité et l'inéluctabilité. La suite de la pièce est constituée par une succession de refus, de ruses, de résignations provisoires, jusqu'à l'abdication consentie.

Un premier refus est celui de se soumettre au temps, dont le roi ordonne en vain le retournement (p. 75). Il est suivi d'un appel à l'aide des hommes (p. 76), et en particulier du Médecin (p. 77), d'une protestation contre le caractère imprévu de la décision (p. 78), d'une demande de sursis (p. 82). Mais le roi commence à accepter l'inacceptable : « Ce n'est pas possible », dit-il (p. 84). Il avoue sa peur (p. 86), refuse toute médecine calmante (p. 86), toute parole pitoyable (p. 89), s'étonne de la brièveté de la vie (p. 90), proteste encore, justifie les morts qu'il infligea aux ennemis du royaume (p. 92) ou de sa politique (p. 92-95). Il découvre qu'il n'est plus ni l'État, ni la loi (p. 96), et prenant à la lettre une formule compatissante de la reine Marie, se réfugie un court instant dans le rêve de redevenir « un bébé » (p. 96). Mais il sent qu' « on ne peut pas tricher » (p. 97), ordonne que tout le royaume perpétue au moins sa mémoire (p. 98), repousse avec horreur l'idée d'être embaumé (p. 99).

La reine Marie lui propose en vain la lumière réchauffante des mots, des souvenirs heureux, de l' « aurore » intérieure (p. 100-101), et il entre progressivement dans la nuit d'un autre monde sans soleil, d'une littérature de faux soulagement verbal (p. 104). La Cour se fait l'écho de ses litanies propitiatoires (p. 104-105), cependant que le Médecin propose des « pilules euphoriques » (p. 105).

En fait, l'agonie a commencé (p. 110). Du temps a passé : il reste au roi « trente-deux minutes trente secondes » (p. 112) à vivre. Bérenger s'essouffle (p. 112), pallie l'échéance par des soucis domestiques (p. 113), par des conversations sur la vie et ses délicieuses souffrances (p. 115), sur la vie et ses laideurs admirables (p. 117), sur la vie et ses reposantes fatigues (p. 117). Il se berce un moment dans un hymne au ciel, à l'air qu'on respire, aux repas qu'on aime (p. 118-121), mais en fait il a « renoncé » (p. 121). La sueur de la dernière peur perle à son front (p. 122).

Commence alors une lutte entre les deux reines, Marie s'efforçant d'adoucir amoureusement la mort du roi (p. 127-129), Marguerite s'efforçant d'obtenir son consentement. Le roi, pourtant, s'abandonne encore aux désirs d'immortalité (p. 133), se laisse rouler dans la glorification bouffonne, par le garde, de ses travaux immémoriaux (p. 134-136) et, malgré les étonnements et les rectifications de Juliette (p. 137), se laisse encore prendre à ce qui lui reste de vie (p. 137). Il s'accroche au souvenir attendri d'un petit chat (p. 138-140), alors que Juliette, le Médecin, Marguerite, et même Marie, commencent à parler de lui au passé (p. 140-145).

Le Médecin, en effet, a diagnostiqué l'arrêt de toutes les fonctions végétatives (p. 145). Seul le cœur demeure « solide » (p. 145), malgré ses « battements affolés » (p. 146). Il ne s'agit plus que de calmer cet infirme qui ne reconnaît plus personne (p. 149), qui ne voit ni n'entend plus (p. 149-150), qui parle encore mais « comme un perroquet » (p. 152). L'un après l'autre disparaissent Marie (p. 152), le garde, puis Juliette (p. 155), puis le Médecin (p. 156). Il ne reste au roi qu' « un quart d'heure » à vivre (p. 157).

DÉNOUEMENT

Ce dernier quart d'heure est celui du consentement. Marguerite dénude son roi (p. 160), l'ensevelit dans le linceul des mots qui « guérissent » de la vie (p. 161) et, après une « berceuse » (p. 163) qui accomplit l'anéantissement de la création, l'amène à « prendre place » (p. 165) sur le seul trône qui échappe à l'espace et au temps : la mort.

Les thèmes 3

ACCOMPLISSEMENT ET CORRUPTION

Toute œuvre dramatique est une durée. Par l'imitation du réel, ou par la représentation de l'imaginaire, elle concrétise une action, c'est-à-dire un écoulement. Plus encore que les autres pièces de Ionesco, *Le roi se meurt* obéit à ce principe, et la réalité théâtrale des derniers moments de Bérenger Ier s'inscrit précisément à l'intérieur d'un thème éternel : le temps.

La pièce est fondée sur l'effet tragi-comique des interférences entre le temps objectif des horloges, et le temps du discours (ou temps intérieur). Cette distinction classique entre un temps qui est écoulement, succession, autrement dit *continuo temporel* et un temps susceptible de déformation, c'est en définitive le sujet profond du *Roi se meurt*, qui est l'effrayante découverte, par l'homme, du temps réel, implacable, régulier et mesuré, alors qu'il a vécu, comme tout un chacun, sur l'illusion du temps intérieur. C'est la mise en lumière de « la déperdition de l'homme dans le temps, dans l'existence [1] ».

Le temps intérieur est celui de l'esprit : c'est celui de la vie. Il est mental, donc extensible ou réductible. Il est affectif, c'est-à-dire coloré par les sensations, les perceptions et les passions. Il bénéficie conséquemment d'une sorte d'indépendance, qui fait à la fois le charme et l'absurdité des existences. C'est la seule forme du temps que perçoit ordinairement

1. *Notes et contre-notes*, Gallimard, 1962, p. 133.

l'homme, qui le répartit, qui le modèle à son gré. Il subit toutes les déformations souhaitées, de l'extension ludique à l'éternisation [1], en une sorte de redondance qui donne l'illusion d'une continuité sans mesure. L'homme vit donc dans une pseudo-libération du temps réel, qui est celui de la corruption, de la ruine de toute réalité.

Or, si l'approche de la mort est progressive rupture de cette illusion, il faut du temps pour s'y résigner. C'est ce délai qui précède « l'abdication », qui constitue la durée de la pièce de Ionesco. La réalité du principe de destruction apparaît à son heure, l'heure où « la cérémonie commence », comme dit le garde (p. 75). Le roi et la reine Marie ont beau demander que « le temps retourne sur ses pas », ainsi qu'il est possible aux poètes, à l'intérieur du temps sentimental, la réalité est que « le temps a fondu » (p. 76). A partir de ce moment, c'est le temps mécanique et irréversible du sablier qui impose la rigueur de son écoulement [2]. Garants de la vie, c'est-à-dire de la mort, la reine Marguerite et le Médecin ne cesseront plus de décompter les heures, ces présents successifs qui conduisent à la disparition du présent. Par la parole, prière ou négation infantile, Bérenger lutte encore contre le temps réel, mais il se rend progressivement à l'évidence : le temps humain n'est qu'une fallacieuse durée.

Cette progression n'est pas régulière. Parfois, Bérenger a l'illusion de reconquérir ses refuges dans un temps subjectif. Il mêle passé et avenir, s'abandonnant à ce qu'il nomme lui-même « littérature », ressaisit, en somme, quelques bribes verbales de son temps mental, alors qu'il est entouré de signes avertisseurs : le dérèglement apparent de l'univers, le dérèglement domestique tangible, la diminution des pouvoirs et, finalement, la disparition des êtres. L'amaigrissement du monde - ou de sa représentation - est rétrécissement de cette peau de chagrin qu'est le temps à vivre, et, en définitive, découverte de la corruption de toute vie humaine. *Le roi se meurt* est bien, selon le mot de la reine Marguerite, l'histoire d'une « abdication », mais cette abdication est celle du temps intérieur, la difficile entrée dans le temps du réel.

---

1. Cf. La prière du poète Lamartine, dans *Le lac* : « Ô temps, suspends ton vol... »
2. Dans son essai sur *Ionesco* (Éditions Universitaires, 1964), Philippe Sénart cite cette phrase de Dostoïevski : « Quand deux et deux font quatre, ce n'est pas la vie, c'est le commencement de la mort » (p. 71).

Tel est le thème cardinal de cette pièce, et l'on comprend pourquoi Ionesco a refusé de l'émietter en actes et scènes [1]. *Le roi se meurt* se déroule encore pour Bérenger dans le temps subjectif des états de conscience, c'est-à-dire dans la pure et illusoire continuité dont l'homme se satisfait. Chaque homme est en définitive étranger à la mesure du temps réel que suggérait le morcellement partitif du théâtre réaliste traditionnel. La « cérémonie » commence lorsque le roi « se meurt », c'est-à-dire lorsqu'il prend conscience de la dégradation temporelle. C'est ce drame permanent de la perception des limites indépassables qu'a exprimé, après tant d'autres, Ionesco. Et il n'y a drame, c'est-à-dire en définitive action, que parce que Bérenger, comme nous tous, a oublié que si l'homme est relativement maître de sa pensée, de ses rêves, il ne l'est absolument pas de ce qui échappe à son action : la mort et la vie.

OH, LES BEAUX JOURS !

Contrairement à Beckett, Ionesco ne dit pas l'absurdité de vivre, ne ridiculise aucun plaisir, même s'il vient des plus petites choses, un pot-au-feu, une « robe moche », ou le fait de descendre un escalier marche après marche (p. 117). Le thème de la volonté d'auto-conservation n'est comique dans *Le roi se meurt* que par les effets de contraste qui naissent de la confrontation d'une lassitude, celle de Juliette la pauvre, et d'un appétit de vivre, celui de Bérenger. Alors que Beckett, dont la pièce *Oh, les beaux jours* est à peu près contemporaine de la sienne, décape jusqu'au cœur de l'absurde une vie qui s'achève, Ionesco, dans *Le roi se meurt*, compose un hymne à la vie. Il faut donc bien prendre garde, sous prétexte d'histoire littéraire, à ne pas confondre Beckett, auteur obsédé par le néant, et Ionesco, qui nous présente un héros obsédé par ce scandale qu'est la mort, et progressivement désabusé des mythes consolateurs. Dans sa propre laideur et son incapacité à communiquer, Beckett se décompose et tend vers l'aphasie après avoir été le chantre de la mort, de la haine de soi. Dans sa méditation obsessionnelle, Ionesco ne renonce pas aux

1. La pièce se situe, bien évidemment, avant la destruction du temps intérieur.

pulsions de vie. Lui aussi peint une « fin de partie [1] », mais sans conclure que cette partie n'est rien [2].

L'idée de mort est insupportable pour Bérenger Ier qui, après avoir vécu sans y penser, prend conscience de ses pulsions, ou besoins, comme dit Freud, du plaisir que procurent les grandes fonctions organiques. La découverte de la mort devient pour lui découverte de la vie. Qu'il s'agisse d'une simple activité musculaire comme la descente d'un escalier, de la dégustation du bœuf bouilli, du repos après la fatigue ou de la silencieuse respiration, Bérenger n'a qu'un mot pour en célébrer la jouissance : le mot joie. Aucune pulsion de mort dans cet homme [3], qui voudrait redevenir « un petit enfant », mais la psychanalyse - si chère à Ionesco, qui avoue, dans son *Journal en miettes*, en surestimer les prestiges par ignorance [4] - pourrait aisément déceler chez le roi Bérenger une *libido* narcissique [5]. Freud liait cet amour de soi à une désexualisation, et le silence amoureux du personnage de Ionesco confirmerait cette hypothèse.

Quel bonheur d'avoir un corps, pourrait s'écrier Bérenger. Malgré sa peur et sa révolte, le héros du *Roi se meurt* échappe à la nausée, au dégoût de la vie organique qui fait la gloire de Beckett dans les salons d'avant-garde. Il est heureux de vivre charnellement, en bête humaine peut-être, en « nonchalance bestiale », comme disait Montaigne, mais heureux de vivre. D'où sa glorification *a posteriori* des jours enfuis, de l'éclat du jour. D'où la cristallisation du monde qui se produit sur le théâtre de son esprit : la fatigue devient joie (p. 117), le froid devient plaisir (p. 115), le moche devient beau, la cuisine de tous les jours devient régal gastronomique. En un mot, dès qu'elle menace de cesser, la vie s'enrichit comme un mythe.

---

1. Cf. la pièce *Fin de partie* de Beckett.
2. On attend d'ailleurs que Beckett se suicide pour authentifier sa conception de l'homme.
3. Encore que Ionesco affirme ressentir en lui-même l'ambivalence de sentiments de répulsion et d'attirance à l'égard de la mort. Il le notait dans *Nu* (1934). Il le répète à Claude Bonnefoy : « A la fois je veux vivre et je veux mourir, ou plutôt je porte en moi un *vers la mort*, un *vers la vie*; *eros* et *thanatos* » (Cl. Bonnefoy : *Entretiens avec Eugène Ionesco*, éd. Belfond, 1966, p. 140).
4. *Journal en miettes*, p. 132.
5. Le mot *libido* désigne originellement la volupté, mais depuis Freud il est souvent pris, comme ici, dans le sens d'*élan vers*. La *libido* est narcissique lorsqu'elle investit le sujet lui-même. Le Médecin de la pièce diagnostique d'ailleurs en Bérenger une « maladie psychique bien connue : narcissisme » (éd. Larousse, p. 154).

L'HOMME MODERNE,
CE ROI SANS MÉTAPHYSIQUE

« Ce n'est pas la philosophie qui nous guérit ou qui nous rend malades » dit Ionesco dans son *Journal en miettes* [1], et son héros Bérenger Ier, dans son ignorance de toute métaphysique, confirme ce refus de toute transcendance [2]. Satisfait de ce bas monde, où rien n'est cependant parfait, il ne recherche qu'une sorte de contact avec l'expérience quotidienne et matérielle. Pour Bérenger, le réel est un absolu nécessaire et suffisant, ce qui pondère sa conception biologique de l'existence.

Le roi se meurt, ce n'est pas Socrate mourant. Bérenger, c'est-à-dire Jedermann [3], n'a aucune issue de secours pour échapper à la mort. Il est l'homme moderne, qui a perdu toute foi dans les jugements de valeur, ces mesures conventionnelles que la tradition et le conditionnement avaient fini par rendre naturelles. Roi sans métaphysique, c'est-à-dire sans imagination, il ne dispose d'aucune lampe du soir pour éclairer sa solitude : cet amant de la vie a expulsé le sacré de son univers mental. Les mythes consolateurs des religions lui sont étrangers, comme les optimismes du stoïcien. Il ignore tout des *artes moriendi* [4], des « arts de mourir », et il est obligé d'apprendre de la reine Marguerite, cette pédagogue funèbre de la dernière heure, « comment on doit quitter la vie et tous ses maux [5] ». Il est ce que Platon eût nommé un Béotien et, même lorsqu'il consent à s'évanouir dans le néant, il ne sait pas encore, comme le veut le philosophe, « délier au plus haut point possible l'âme du commerce du corps [6] ».

On comprend pourquoi, dans sa pièce, Ionesco donne tant d'importance au mouvement comme preuve de la vie intacte. Tant que le roi se « relève » après un faux-pas, tant qu'il peut « s'asseoir sur son trône, (...) il règne » (p. 111), c'est-à-dire qu'il est vivant. Dès que prend fin cette « agita-

---

1. *Journal en miettes*, p. 129.
2. Ce qui est au-delà des apparences et qui permet à l'homme de se dépasser.
3. Personnage d'une « moralité » médiévale dont le nom signifie « tout homme ». Jedermann est affronté à la mort. Cf. *infra*, p. 36, note 2.
4. Cf. *L'art au morier*, par Henri Zerner, in *Revue de l'art*, II, éd. Flammarion, 1971, p. 7-30.
5. Alfred de Vigny : *La mort du loup*.
6. *Phédon*, 64 e-a, Pléiade, I, p. 776.

tion bien inutile », comme dit Marguerite (p. 165), il prend place dans le repos de l'état anorganique. C'est bien la preuve que le roi Bérenger Ier est notre contemporain, c'est-à-dire, aux termes d'une formule douloureuse de Bernanos, un homme moyen « nullement orgueilleux de son âme » et qui « la nie même avec un soulagement immense ». Dans un monde voué à la consommation et au mouvement (les deux notions sont interdépendantes), il s'est « avili, dégradé », et la civilisation matérialiste ne lui offre que « des loisirs et des ventrées [1] ». Nous sommes aux antipodes du platonisme et de ses successeurs, qui recommandaient de privilégier les passions de l'âme parce que, situées dans un monde non tangible, donc non périssable, elles s'accomplissent dans l'immuable.

L'un des thèmes du *Roi se meurt*, c'est celui de l'homme qui a perdu l'ombre portée par les vieilles métaphysiques, de l'homme qui conséquemment « meurt à douleur [2] ». La pièce, en un certain sens, exprime le désarroi d'une humanité qui se contente d'être, dans un monde où dépérit le sacré, sans ouverture sur un arrière-monde surnaturel ou surréel, dans un monde sans finalité spiritualiste, sans l'aide de Maya, l'universelle déesse de l'illusion. Comme Montherlant, Bérenger pourrait dire : « J'aime mieux ma réalité que mes rêves [3]. » N'ayant pas philosophé, il n'a pas appris à mourir, et la mort est devenue ce que Mallarmé a si bien nommé : « un désastre obscur ». C'est le propre de l'homme moderne, pour qui mourir ne signifie plus « rendre l'esprit ».

Ce n'est sans doute pas trahir l'œuvre que de la rattacher, par cet aspect, au courant polémique des autres écrits de Ionesco. L'auteur du *Roi se meurt* traque l'homme d'aujourd'hui, qui parle sans savoir ce que parler veut dire, qui souffre d'une cécité intérieure telle qu'il reçoit la mort qu'il mérite, incompréhensible, scandaleuse, injuste, et par conséquent douloureuse. Sa pièce montre ce qui se passe lorsque la mort est devenue insoluble dans les mots, lorsque l'homme n'est plus « incliné du côté du mystère [4] », lorsqu'il est incapable de donner une forme poétique à ce qui est fugace.

1. Bernanos : *La grande peur des bien-pensants*, Grasset, 1931, p. 453.
2. Comme disait François Villon.
3. *Carnets*, XXXV.
4. Victor Hugo : *Les contemplations*, II, 4, XIII.

Un vivant sans métaphysique, c'est l'anti-poète contemporain, qui ne peut mourir, comme Bérenger Iᵉʳ, que lorsqu'il est devenu aveugle et sourd [1].

L'IMPOSSIBLE TAXIDERMIE [2]

Même sans la consolation des métaphysiques libératrices, l'homme a toujours eu d'autres moyens de se détourner de son cadavre. Il se prêtait à une sorte de naturalisation de son Moi. Toute une gamme d'artifices taxidermiques l'assurait contre l'oubli définitif, depuis les attitudes convenues de l'entourage jusqu'aux louanges émues devant les portraits de famille, en passant par les cérémonies, les discours aux morts et, lorsque le disparu avait atteint un certain rang social et politique, l'embaumement dans la légende. Or, dans *Le roi se meurt*, Bérenger Iᵉʳ repousse cette conservation de muséum : « Je ne veux pas qu'on m'embaume », s'écrie-t-il avec dégoût (p. 99).

Ce refus de la nécrophilie traditionnelle est un autre trait de la modernité du climat funèbre de la pièce. Ionesco a exprimé le tragique dépouillement des morts contemporaines. L'homme moderne, comme la Félicité de Flaubert [3], a découvert la vermine sous les plumes du perroquet empaillé. Il ne veut plus que son souvenir luise comme un ostensoir [4]. Il sait que les vraies couleurs du plumage vivant se perdent dans la mort. D'où sa parfaite solitude, d'où sa totale dissolution, d'où - en partie - sa tragique misère. Ce thème du *Roi se meurt* peut apparaître comme secondaire, et plus suggéré qu'exprimé, il n'en est pas moins évident pour qui voit l'homme de notre temps comme un être qui ne se laisse plus prendre (comme on dit qu'une gelée « prend ») aux symboles.

1. Marc-Aurèle disait de la mort : « Qu'est-ce qui peut la faire supporter ? Une seule chose, la philosophie » (*Pensées*, II, *in fine*). Et le philosophe contemporain Henri Bergson considère la religion comme « une réaction défensive de la nature contre la représentation, par l'intelligence, de l'inévitabilité de la mort » (in *Deux sources de la morale et de la religion*, 1932. Cf. *Œuvres*, Édition du Centenaire, P.U.F., 1959, p. 1086).
2. La taxidermie est l'art de conserver les animaux morts en leur donnant l'apparence de la vie. On dit aussi : naturalisation.
3. Héroïne du conte de Flaubert : *Un cœur simple*.
4. « Un cœur tendre, qui hait le néant vaste et noir,
     Du passé lumineux recueille tout vestige!
     Le soleil s'est noyé dans son sang qui se fige...
     Ton souvenir en moi luit comme un ostensoir »
Charles Baudelaire : *Harmonie du soir* (Spleen et Idéal, XLVII).

LA SORTIE DE SOI

Plus que la mort même, l'un des thèmes cardinaux du *Roi se meurt* est le vieillissement, cette difficile sortie de soi qui, parce qu'il la lit dans le témoignage d'autrui, oblige l'homme à méditer sa condition mortelle. C'est le plus rebattu des thèmes poétiques, romanesques ou dramatiques, mais Ionesco est parvenu, sinon à le renouveler, du moins à lui conférer une simplicité synthétique qui lui assure la paradoxale durée de ce qui traite de la mort.

Lorsque l'homme vieillit, il n'agit plus, il dit qu'il agit, il dit qu'il a agi. Il parle, ce qui fait de lui le héros littéraire par excellence. Tout son passé, ses joies et ses rancœurs, tout son présent, son incapacité et ses faiblesses, tout est matière au repli sur les mots. Le moindre coin de vie sécrète d'interminables attendrissements, un petit chat (p. 138) ou les légumes « qu'on mélange avec du beurre et qu'on écrase avec la fourchette pour en faire de la purée » (p. 119-120). Au soir de sa vie, l'homme est bloqué, et c'est pourquoi Marguerite doit aider le roi à passer de l'autre côté du miroir, où l'on ne parle plus, où l'on prend place.

Mais avant de parvenir à cet ordre immuable, avant d'échapper à soi-même, il faut d'abord que cesse l'emprise du monde et des êtres que l'homme y côtoie. D'où la succession des gommages d'objets et de personnages qui jalonne *Le roi se meurt*. « Elle me pille », disait Montaigne de la mort lorsqu'il souffrait de la pierre [1]. On peut reprendre le mot pour le vieillissement, qui est progressive « pillerie », et que Ionesco matérialise sur la scène. Il ne s'agit point d'une idée nouvelle, tous les écrivains de tous les temps ayant noté ce « délogement [2] », cet arrachement, mais alors que les hommes du passé, idéalistes, stoïciens ou chrétiens, compensaient les attachements terrestres et caducs par quelque foi en d'autres « réalités » durables, Bérenger, c'est-à-dire l'homme contemporain, privé de toute spiritualité, n'a plus rien qui l'aide à renoncer au monde. Il a oublié, pour reprendre un vers de Hugo, que « Vieillir est la science héroïque du juste [3] ». Il est devenu incapable de formuler une prière pour le bon usage de la vieillesse.

1. Montaigne : *Essais*, III, 4.
2. Montaigne : *Essais*, III, 4.
3. *Océan*, éd. OPC, J.-J. Pauvert, p. 1604.

Bérenger tourne donc dans son labyrinthe sans trouver la sortie. Il se cogne contre les murs, voit tomber les masques de l'obéissance, du respect et de l'amour sans pouvoir arracher le sien, d'homme qui vit comme s'il était immortel. Il lui faut « monter », aidé par la reine Marguerite, et atteindre sans vertige « la passerelle » (p. 164), ce trône dérisoire, qui est le siège d'où tout homme contemple la vie et le monde comme son royaume. A ce moment seulement, note l'auteur dans son commentaire scénique, on voit « disparaître progressivement les portes, les fenêtres, les murs de la salle du trône » (p. 165) : Bérenger est libre, il peut effectuer sa sortie « dans une sorte de brume » (p. 165). Dirons-nous, même si Ionesco n'en sait rien, qu'au tomber du rideau le roi est devenu rhinocéros puisqu'aux termes d'une parabole manichéenne, « l'unicorne figure la mort qui chaque jour poursuit la race humaine dont elle désire s'emparer [1] »? Cette remarque donnerait à la pièce intitulée *Rhinocéros* une signification tout autre que politique.

Cette rupture de soi à soi, dont l'accomplissement est la mort, s'agrandit progressivement durant la vieillesse. Elle paraît impossible, et Béranger la nie tant qu'il croit encore à sa puissance : « Je mourrai quand je voudrai, je suis le roi, c'est moi qui décide » (p. 59). Il voit « un complot » (p. 61) dans la « cérémonie » qui commence. Toute la pièce se déroule comme un chemin de croix, dont chaque station est la découverte, par le roi, des points de rupture de cette unité qu'est l'homme intact.

L' ENTRÉE DANS LA VASE

Plutôt que de décrire de l'intérieur cette marche décrépite Ionesco en transpose les révélations sur l'environnement de l'être. Comme le Christ au Jardin des Oliviers, Bérenger découvre qu'il n'est plus maître de rien. S'il demeure euphorique malgré « les signes objectifs » (p. 35), fissures murales et mentales, refroidissement du soleil et des radiateurs, terre qui craque, désordre du royaume, dégénérescence de

---

1. Cf. *Les troubadours*, René Nelli, Bib. Eur., Desclée de Brouwer, 1960, p. 1111-1112.

la race, ou ses propres chutes (le roi tombe pour la première fois p. 64), c'est que l'homme vieillissant fait de nécessité vertu. Bérenger demeure dans « cet aveuglement où chacun est de soi », pour reprendre une célèbre formule du *Misanthrope*. Il lui faut du temps - le temps de la pièce - pour recouvrer la vue, source d'évidence. Les premières lueurs de la mort sont trop faibles pour éclairer sa conscience. Bérenger ne veut pas voir encore sa dégradation. D'où son refus de partager, de laisser son royaume - comme Lear [1] - avant d'y être contraint par l'heure.

Tout le drame du vieillard est symboliquement jalonné le long du *Roi se meurt*. Progressant dans l'infirmité, perdant la mémoire, s'efforçant un moment, comme le vieux couple des *Chaises*, de masquer sa solitude par des mots, Bérenger ne consent au dépouillement final qu'à l'instant où le monde même lui apparaît comme entièrement nu.

Ce thème de la vieillesse est le plus clair de la pièce, et tel il apparaît au public le moins habitué au théâtre contemporain. Il convient cependant de lui conférer une plus large signification que la transposition scénique d'une décrépitude connue. Comme Beckett, mais avec moins de cruauté, Ionesco, dans *Le roi se meurt*, a probablement exprimé sa conception de toute la condition humaine. Tout homme est le roi Bérenger en ses derniers moments, mais tout homme est aussi le roi Bérenger tout au long de sa vie, parce que le processus de mort commence dès sa naissance. La différence entre le jeune, le mûr et le vieux, n'est qu'une différence de rythme et de révélations. Ionesco a dit et répété qu'il a lui-même découvert la mort dès l'âge de quatre ans. Seule la petite enfance échappe à la conscience de la condition mortelle. C'est « l'âge d'or », dit Ionesco, qui ajoute : « Dès que l'on sait que l'on va mourir, l'enfance est terminée [2]. » Commence alors la « cérémonie », cette longue et redoutable sortie de soi. Si personne n'en a cure, le plus souvent, c'est que seul « le libérateur est celui qui dit à voix haute ce que les autres se disent ou murmurent [2] ». Ce qui conduit à penser, comme le sophiste interlocuteur du Socrate d'*Euthydème* [3], que la connaissance est révélatrice de la mort : elle éclaire cette vérité

1. Héros du *Roi Lear*, tragédie de Shakespeare.
2. *Journal en miettes*, p. 31.
3. Platon, *Euthydème*, 283 c-d.

que peu osent regarder, que l'existence est une marche vers la mort.

En définitive, la sortie de soi commence par une entrée dans la vase. Dans un récit qui porte ce titre, et qui fut publié en 1956 dans la revue *Cahiers des saisons*, Ionesco a analysé la même prise de conscience du Mal qui terrasse Bérenger. En pleine force de l'âge, le héros assiste à son délabrement généralisé. Ses organes se manifestent, son esprit devient vulnérable, le monde s'assombrit. Ce qui sera visualisé dans *Le roi se meurt* est énuméré : « ... Mon malaise s'amplifia, me donnant d'autres soucis. Ma vue semblait baisser. Il m'arrivait, parfois, de boiter légèrement. Puis cela passait. Je m'essoufflais vite, de plus en plus souvent. Il me fallait m'arrêter - cela eût été inconcevable, jadis - au milieu de la route, pour reprendre haleine, debout ou appuyé sur une borne (...) Je repartais, luttant contre l'envie de ne rien faire, de dormir, car j'avais, maintenant, de plus en plus sommeil [1] » (...) Les sens se dérèglent. Le Mal envahit tout l'être : « ... Cela rayonnait, de façon diffuse, dans tout le corps qui, objet énorme, terriblement encombrant, ne m'appartenait plus, ne m'écoutait plus du tout. Les membres n'obéissaient qu'en rechignant, ou de travers, ou pas du tout à mes commandes, d'ailleurs désordonnées, confuses elles-mêmes (...) Une passive anarchie biologique (s'était) emparée des organes [2]... » Une nuit, n'y tenant plus, et au prix d'un sursaut de volonté dernière, il se lève et s'élance dans un « chemin creux entouré de haies humides [3] ». Il glisse, perd conscience, repart, marche des heures comme « une statue gluante [4] », s'étend sur le dos, est envahi, dans un jour sans heure, par « un désir sans nom, des regrets, des remords sans bornes, une pitié innommée pour tout ce que (ses) bras avaient étreint, pour tout ce que (ses) mains avaient construit [5] ». Sa vie repasse, par bribes, dans sa mémoire mouillée. L'air s'alourdit. L'eau, la boue montent, et le héros échappe - pour combien de temps ? - à l'envasement. On l'a vu, ce sursis dure le temps d'une pièce [6].

---

1. *La vase*, op. cit., p. 135 et p. 137.
2. *Ibid.*, p. 141.
3. *La vase*, op. cit., p. 154.
4. *Ibid.*, p. 158.
5. *Ibid.*, p. 159.
6. Cf. *infra*, en annexe, l'analyse détaillée du récit intitulé *La vase* (chapitre : « Aux sources imaginaires de la mort du roi », p. 69 sqq.).

4 | Les personnages

DE L'IRRÉALISME HÉROIQUE

Comme tous ceux du théâtre moderne, les personnages inventés par Eugène Ionesco doivent être limités dans leur nature. Dans les œuvres dramatiques traditionnelles - à l'exception d'une partie du théâtre grec notamment, pour ne parler que de l'aire culturelle d'Occident -, un roi, une reine, un ambassadeur et leur entourage, un amant ou un faiseur, relèvent d'un statut individuel, socialement, mentalement et affectivement caractérisé. Les héros du théâtre contemporain non boulevardier échappent au contraire à toute tentative d'en faire des êtres humains singuliers. Alors que les pièces dites « réalistes » se proposaient de créer l'illusion d'une réalité de chair, d'os, de pensée et de sentiment, le théâtre des temps modernes - et en particulier, après Jarry, le théâtre de Ionesco - offre à notre attention, sous le nom commode de personnages, tout autre chose que des personnes par convention scénique. S'ils portent un nom, Bérenger, Marguerite ou Marie, c'est parce que les hommes de la terre n'ont pas encore abandonné cette habitude, c'est pour que les spectateurs les repèrent aussitôt qu'une réplique leur est destinée, et peut-être aussi pour faciliter le travail des critiques et des essayistes.

Mais il est bien évident que cette identité ne leur confère ni répertoire historique, ni référence psychologique ni, encore moins, cette vie imaginaire que Balzac lui-même reconnaissait au docteur Bianchon [1], au point, dit-on, de l'appeler en consul-

---

1. Médecin qui apparaît dans plusieurs titres de *la Comédie humaine*.

tation alors qu'il se mourait. Nous sommes en présence d'Ubu [1], roi de Pologne pour l'éternité, mais irréductible à un souverain. Nous vivons un moment en compagnie de Vladimir et d'Estragon [2], qui attendent Godot, mais nous n'en pouvons fixer ni l'état civil, ni même des particularités professionnelles ou sentimentales, comme nous le faisons pour Don Diègue ou le Roi Lear. Nous voyons la beauté douce de la reine Marie, ou l'implacable rigueur de la reine Marguerite, mais nous ignorerons toujours leurs amours, et tels faits divers qui eussent pu singulariser leur existence.

Le théâtre moderne n'emprunte au théâtre traditionnel que des dispositifs scéniques, des décors - et encore certains dramaturges éludent-ils ces contraintes -, des désignations de rôles. Il fait table rase de toute prétention à faire vivre, entre deux mouvements de rideau, autre chose que de « grandes figures archétypales [3] ». C'est en fonction de ces tendances qu'il convient d'étudier ces marionnettes distributrices de mots et gestes que, par habitude, nous continuons d'appeler personnages. Et qui n'ont jamais si bien, en définitive, mérité cette dénomination, puisqu'ils sont porteurs des masques anciens [4] derrière lesquels nos maîtres, les dramaturges grecs, voulaient concentrer tout le ridicule, toute la noblesse ou toute l'anxiété de la vie réelle, c'est-à-dire les faces multiples de l'humanité, des dieux qu'elle s'invente, des puissances qu'elle redoute ou supplie. Par ses personnages, le théâtre contemporain affiche sa prétention à représenter des mythes, comme jadis l'épopée. Plus que d'autres, celui de Ionesco va dans ce sens, et l'imagination dramatique y est au service, - par l'onirisme [5] comme nous le verrons -, d'une simple et puissante conscience d'anciens et de nouveaux « types », qu'il convient de décrire par référence à la mythologie aussi bien qu'à l'observation quotidienne.

1. Héros de plusieurs pièces de Jarry (*Ubu roi*, *Ubu enchaîné*, etc.).
2. Personnages de la pièce de Beckett : *En attendant Godot*.
3. L'expression est de Bernard Dort dans son *Théâtre public*, éd. du Seuil, 1967, p. 253, le mot *archétype* signifiant modèle, type.
4. Le mot *personnage* vient de *persona* qui signifie masque de théâtre.
5. Onirisme : activité mentale faite de visions ou de rêves.

BÉRENGER Ier, LE ROI

Il est ce qu'il convient de nommer le grand premier rôle. Nul ne connaîtra jamais son royaume ni ses ancêtres, ses hauts faits ni ses faiblesses. A peine comprenons-nous qu'il règne sur des États délabrés, entre deux reines rivales et antithétiques, loin d'un peuple devenu mythique à force de vieillissement. Lorsqu'il prend place sur son trône, comme on vient subir un examen de passage, il porte bien un sceptre et une couronne, mais personne ne se demande en quels temps et en quel lieu. Il est « le Roi », abstraite dénomination malgré la fallacieuse précision de son nom : Bérenger Ier. Aussi mince qu'un roi de cartes à jouer, sans âge ni poids, ce monarque a pourtant l'épaisseur de toute l'humanité, sa vieillesse et sa grandeur. Individuellement transparent, il superpose les masques humains de tous lieux et de toute époque. Cet homme pluriel est « Jedermann [1] », c'est-à-dire tout homme. Il concrétise scéniquement les virtualités de l'humanité, les peurs et les œuvres dont elle croyait avoir déduit des certitudes. Mais, avec le héros de Ionesco, nous sommes loin, malgré les apparences, du Jedermann de Hugo von Hofmannsthal, qui, du fond de son désarroi face à la mort, trouvait dans la foi religieuse un espoir de résurrection [2].

Bérenger Ier est une sorte de « Micromégas », grand par ce qu'il a accompli sur la terre, son royaume, et petit, c'est-à-dire fragile, par ses limites charnelles oubliées. Son royaume intérieur n'est pas à la hauteur, n'est plus à la mesure de ses travaux immémoriaux. Nous avons vu, car c'est un des thèmes cardinaux de la pièce, qu'il est un roi sans métaphysique. Il est l'Histoire tout entière et il n'a pas d'histoire spirituelle, ce qui le ramène — comme l'homme d'aujourd'hui dont il est la projection synthétique — à l'altitude zéro devant la mort. Il a fait table rase de tous les édifices conso-

---

1. Cf. *supra*, p. 27, note 3.
2. Hugo von Hofmannsthal, écrivain autrichien (1874-1929), est l'auteur d'un mystère intitulé *Jedermann* (1911), dans lequel, comme tous les « Jedermann » de la légende, le héros est affronté à la mort. Débauché, viveur, il apprend au cours d'un banquet qu'il n'a plus qu'une heure à vivre. Il cherche en vain quelqu'un pour l'accompagner dans la mort. Seule, la foi le sauve de la damnation.

lateurs, n'ayant même plus l'orgueil-soutien de ce vieil humanisme que Gide avait fait sien dans *Œdipe*. On n'imagine pas Bérenger éludant ses regrets de quitter la vie sur un : « J'ai fait ma ville », ou un : « J'ai fait courageusement ma longue et lourde tâche, là où le sort a voulu m'appeler », puis mourant sans parler. Cette paraphrase du loup d'Alfred de Vigny [1] n'a plus de sens pour l'homme devenu étranger aux dieux et aux autres hommes. Bérenger, notre contemporain, n'est plus rien que lui-même, ses os et son pot-au-feu.

Il est la version grotesque de Narcisse [2], et s'il était poète, il se répéterait, devant l'image de son corps, ce vers parodique et profond :

« Je t'aime, unique objet qui me défends des morts [3]. » Ce monarque, amant de la vie, ne l'a jamais transmise, et il sait conséquemment, et d'instinct, que sa mort sera intégrale. A aucun fils il ne peut dire, comme Gargantua à Pantagruel : « En toi et par toi, je demeure en mon image visible en ce monde [4]. » Son inculture et son infécondité le font s'avancer désarmé devant le gouffre. Il est l'homme-type de notre civilisation technologique, qui construit de tout sauf des mondes mentaux. Impénétrable à tout dépassement, qui fait tourner les yeux vers un ailleurs, il est exclusivement tourné vers lui-même. Il a été, il est pour lui-même un monde, et cette vanité narcissique a entraîné une effrayante vacuité de l'esprit, faiblesse insigne devant la mort.

Durant toute la « cérémonie », Bérenger apprend tout sur lui-même. Il s'est enfin mis à l'écoute de son être, de ses émotions, de ses regrets, de son inimaginable stérilité, mais ce Guignol-Narcisse est incapable d'entrevoir un autre royaume que celui de la vie concrète. Comme Saint-Évremond qui, à quatre-vingts ans, tomba amoureux de la marquise de La Perrine, il pourrait dire que « Le plus grand plaisir qui reste aux vieillards, c'est de vivre [5] », mais il ne comprendrait

1. Cf. « Gémir, pleurer, prier est également lâche.
   Fais énergiquement ta longue et lourde tâche
   Dans la voie où le sort a voulu t'appeler,
   Puis, après, comme moi, souffre et meurs sans parler ».
A. de Vigny : *La mort du loup*, vers 85-88.
2. Héros de la mythologie grecque, amoureux de lui-même.
3. Paul Valéry : *Fragments du Narcisse*, in *Charmes* (éd. Gallimard, bibl. de la Pléiade, p. 129).
4. Rabelais : *Pantagruel* (1532), ch. VIII.
5. Cité par Simone de Beauvoir dans *La vieillesse*, éd. Gallimard, 1970, p. 188.

rien à cette extase de la mathématicienne russe Sophie Kowalevsky (1850-1891) : « Il n'y a pas de paroles pour rendre la douceur de sentir qu'il existe tout un monde d'où le Moi est complètement absent [1]. »

Cet homme nu ne peut pas atteindre seul l'ultime dépouillement. Plus exactement, il ne peut pas l'admettre. D'où ses dénégations devant les signes, cosmiques ou familiers, du délabrement universel. D'où ses refus d'écouter la mise au courant par Marguerite : « Sire, on doit vous annoncer que vous allez mourir » (p. 54). D'où ses colères face à tous ceux qui parlent de le faire abdiquer. D'où ses prières et ses ruses tout au long de la « cérémonie ». Il ne peut ni ne veut rien voir derrière le langage de ses proches. Quand il s'abandonne lui-même aux mots, appel au soleil (p. 102), attendrissement sur un petit chat (p. 138), ou litanies de rites propitiatoires [2] aux morts courageux ou couards (p. 104-107), il sait qu'il fait « de la littérature » (p. 103). Celui dont on énumère les travaux et les conquêtes, les inventions et les pouvoirs (p. 134-137), l'homme-démiurge est devenu l'homme-clown, dont on ridiculise les incapacités pratiques (p. 136-137). Sa rédemption échappe à sa seule volonté parce qu'il demeure à l'état infantile, dans cette disposition d'esprit qui n'entrevoit pas d'avenir, qui gomme le passé, et qui n'a de sens que pour le présent.

La parole salvatrice sera celle de la reine Marguerite, qui lui apporte la connaissance. En cela, d'ailleurs, Bérenger est le seul personnage du *Roi se meurt* qui se modifie intérieurement au cours du temps scénique, et cette modification d'un héros, d'abord figé dans ses ignorances et ses refus, puis consentant au dénouement, constitue le seul brin de paille humaine qui luise comme l'espoir au fond de cette pièce-tombeau.

---

1. Cité par E.-M. Cioran, dans *Valéry face à ses idoles*, éd. de l'Herne, 1970, p. 33.
2. Qui tentent de rendre favorables, propices.

LES REINES

On ne peut rompre le couple des deux reines, qui concrétise la double puissance féminine traditionnelle : l'amour et la mort, la reine du ciel et celle des enfers, la protectrice du foyer et celle des morts, selon les correspondances mythologiques. Pourtant, pour la commodité du lecteur, on brossera séparément le portrait des sœurs ennemies.

Conformément aux tendances de la dramaturgie contemporaine, ni Marie ni Marguerite n'ont de passé ni d'avenir. Les deux reines, comme d'ailleurs le roi, sont des personnages oniriques, dont il est inutile, et d'ailleurs impossible, de déterminer l'importance et la priorité scéniques. Quelques allusions à l'égoïsme de Marie (cf. « Elle ne pense qu'à elle », p. 126) ou à la dureté de Marguerite (cf. « Ne la regarde pas », p. 149) ne suffisent pas pour retracer leur passé amoureux. Seul, le sens de leurs interventions durant la « cérémonie » peut être schématisé, et plutôt que de véritables caractères, constituer une approche de ces messagères symboliques.

Marguerite, de toute évidence, comme aurait dit Maurice Scève, c'est l'

« Atropos messagère,
Comme Huissier t'assignant à quelque peu de jours
Un délai pour après comparaître à toujours [1] ».

C'est elle qui rythme le compte à rebours (p. 112 et *passim*). C'est l'annonciatrice incorruptible, sans illusions sur la fausse magie des mots consolateurs et les offices d'espérance. Elle a certains traits du sacrificateur antique, comme la neutralité réaliste. Elle a la surdité du nautonier du Styx [2]. Elle est sans crainte mais aussi sans haine. Elle est l'ordre de la raison, de l'heure et de la loi, sans passion déformante ou séductrice. Elle a la rigueur de l'inéluctable, et maintient l'ordre rituel. Mais elle n'a rien du bourreau - un Médecin étant commis à cet office. Au sens qu'entendait Vigny, elle est une Destinée, c'est-à-dire une des filles du Destin. Mais son inflexibilité d'horlogère, qui personnifie la force

---

1. Maurice Scève : *Microcosme*, I, vers 924-925. Atropos est l'une des Parques chargée, dans la mythologie grecque, d'arrêter le cours des vies humaines. Elle est l' « inflexible ».
2. Charon, qui a pour mission de passer les âmes des morts, à bord de sa barque, à travers les marais de l'Achéron, est sourd. Ainsi demeure-t-il insensible aux plaintes des âmes qui n'ont pas le droit d'entrer aux Enfers.

des choses, son insensibilité à la puissance affective, ne sont le fruit d'aucune méchanceté fondamentale.

Contrairement à Philippe Sénart [1], nous ne pensons pas que, dans le théâtre de Ionesco, la femme « est l'amie de l'Ombre », qu'elle « joue à y représenter le Mal ». C'est trop vite dit à partir d'une pièce comme *Jacques ou la soumission* (1950). Il n'est pas vrai, au moins dans *Le roi se meurt*, que la femme en général « se soumet en tout à la loi ». La reine Marie prouve le contraire avec éclat. Mais le personnage de Marguerite est bien l'incarnation de « l'Ordre établi ».

A un niveau philosophique, dont Ionesco n'a cure, mais l'essayiste n'a pas à demeurer aussi discret que l'auteur, Marguerite représente la dimension intransigeante et meurtrière de la conscience, et c'est pourquoi elle semble apporter la mort. Elle est lucidité et connaissance, et c'est pourquoi elle explique finalement la mort. Elle est enfin réponse aux questions — même non formulées — de l'agonisant, et c'est pourquoi elle, et elle seule, a le pouvoir de faire consentir le roi à « l'abdication ». Son rôle est de donner la force d'expulser la vie, tâche redoutable qui nous lui fait attribuer, par référence à la symbolique universelle, la couleur noire.

Marie, c'est Marie la blanche, qui lutte jusqu'au bout contre sa rivale maître du jeu. C'est la force du cœur opposée à la force des choses, petite fleur, fleur de rhétorique aussi qui se repaît des mots-pavots du sentiment, et qui cherche en vain, du haut de ses illusions, à contrarier par son influx de vie l'implacable puissance de la Dame de Pique [2]. Dame de Cœur [3] aux sentiments blonds, elle est un des pôles de la vie, le chant, la mystique de l'amour, l'exaltation affective. Et si, au duo des deux reines, la Mère-amante et la Mante-amère, on joint les couplets du roi moribond, on entend le chant trinitaire de l'humanité.

1. P. Sénart, *Ionesco*, éd. Universitaires, p. 105-106.
2. La mort.
3. L'amour.

LE MÉDECIN

A la fois plus simple et plus complexe, le Médecin n'a besoin d'aucun nom, d'aucun visage. Ses multiples fonctions dans le royaume en font un personnage synthétique. Il est le médecin, avec ses pouvoirs, ses prestiges et son savoir pédantesque. Il est l'astrologue, le prophète, qui lit le destin du roi dans les astres. Il est enfin le bourreau, c'est-à-dire l'exécuteur des rites du sacrifice, pour le roi, et sur le roi. Disons qu'il incarne tout l'appareil scientifique, informateur et protocolaire, dont nos vies contemporaines sont accablées. Son aspect caricatural dit assez que l'auteur n'apprécie guère ses bons offices.

LES AUTRES PERSONNAGES

De Juliette, « femme de ménage, infirmière », selon les indications mêmes de Ionesco, il y aurait beaucoup à dire parce qu'elle incarne à la fois la jobardise traditionnelle de la servante et la passivité dévouée des humbles. Sa mécanique ancillaire, dont l'auteur tire des effets comiques, n'exclut ni la sensibilité populaire ni le « coup de langue », comme disait Molière. Or, ce statut de « femme de ménage » ne limite pas ses fonctions à la Cour de Bérenger. Le monarque charge Juliette d'aller quérir les ministres (p. 56) : elle est la femme à tout faire, dont le bon sens (p. 84) et le sens pratique (p. 87, p. 143) détonnent dans un univers en proie à la folie des grandeurs et à la confusion. Étrangère à la tragédie qui se développe autour d'elle, elle a les réflexes de la foule. Elle prie avec les autres (p. 59, p. 105), elle constate (cf. « il tombe »... « il veut s'asseoir sur son trône », p. 111), elle évite de penser (p. 113), mais dit et redit sa fatigue, ses souffrances, sa mauvaise humeur de femme pauvre (p. 115-118), sans que ses élémentaires critiques sociales dépassent le niveau du regret et de l'envie. Juliette, qui a bon cœur (p. 140, par exemple, et *passim*), compatit aux malheurs de son roi, mais sans que sa sympathie rayonne de tout son être. En matière de sentiment, comme devant les événements historiques, son attention est émiettée, momentanée. Juliette est la « gourde », sans passion ni intelligence, qui répète comme en écho les propos de ceux qui pensent. Enfin, elle est soumise à l'insignifiance comme au respect (p. 143) des masses. Comme toutes les cervelles vides, elle cause : c'est là son moindre défaut.

Ce n'est cependant pas Juliette, mais le Garde, qui incarne la *vox populi* dans *Le roi se meurt*. Mécaniquement, passivement, bêtement, il répercute et amplifie ce qui est annoncé. Matraqué par les informations, toujours disponible à force de vacuité, il crie à tout vent n'importe quoi, mélangeant ce qui est d'intérêt supérieur et ce qui n'est qu'anecdotique. Sa fidélité au roi est à éclipses et dépend du bulletin de santé. Mais il est à la fois la foule, avec son appétit de cancans, son automatisme de perroquet, et l'incarnation grotesque de cette puissance qui informe la foule : la presse. Le Garde saisit le moindre fait, la moindre déclaration et lui donne la vedette. Ce « Stentor » ne trie rien, donne aux apparences un caractère événementiel, interprète à contresens un simple regret (cf. « Pot-au-feu défendu sur toute l'étendue du territoire », p. 121), ou un bulletin de santé (p. 126), se plie à n'importe quelle consigne du Palais (p. 130). Bête et servile, écho démesuré, il est l'information contemporaine, suprême dérision du chœur antique.

CONCLUSION

Cette approche du caractère « archétypal [1] » des personnages du *Roi se meurt* tend à suggérer leur caractère universel. Dans son introduction à l'édition classique de la pièce, Colette Audry a fort bien dit que certains d'entre eux, le Garde, Juliette et le Médecin, représentent « la vie publique », que les deux reines incarnent « la vie privée ». Si l'on répète que Bérenger est l'homme en général, on ne sera pas suspect de fabriquer un jeu de mots en affirmant que *Le roi se meurt* est une pièce sur la vie. Mais si, par référence mythique, on considère la mort de Bérenger comme répétant la mort du « roi du monde », de l'homme qui s'est fait dieu et qui subit, pour l'éternité, sa crucifixion, nous dirons que Marie l'aide à porter sa croix, que Marguerite enfonce les clous, pendant que le Garde fait le reportage, que le Médecin suit les progrès de l'agonie et que, spectatrice un peu niaise, Juliette compatit parfois.

1. Cf. *supra*, p. 35, note 3.

Éléments d'une dramaturgie ionescienne | 5

« *Le théâtre n'a aucun rappoï
à conserver dans sa forme
avec les formes de la vie.* »
Gustave Kahn [1]

Dans une conversation avec un journaliste des *Nouvelles littéraires*, Ionesco a déclaré : « Mon œuvre est un combat contre toute tentative de définition ou d'explication de moi-même par les autres [2] », désavouant systématiquement ce qu'écrivent et ce qu'écriront de son théâtre les parasites de la création que sont les critiques, les historiens et les professeurs en mal de théories. De là à penser qu'il n'y a point de dramaturgie ionescienne, il y a un pas que nous ne franchirons pas. Nous ne nous priverons ni de ses propres déclarations, ni des lignes directrices qui se peuvent déduire de l'œuvre accomplie. Il ne s'agit pourtant que d'éléments d'une dramaturgie, provisoires et datés, parce que l'auteur nous a habitués à son anarchie esthétique et parce que, bien vivant, il peut encore infirmer, à tout moment, par de nouvelles pièces, nos fragiles généralisations.

DU CARACTÈRE SINGULIER
DE CETTE DRAMATURGIE

Méfions-nous d'abord d'une tendance contemporaine, qui consiste à préférer les commentaires à l'œuvre elle-même. L'auteur n'est peut-être pas le meilleur commentateur, mais Ionesco constate que « ses explications semblent passionner davantage que l'œuvre, qui est ce qu'elle est, qui doit s'expli-

---

1. In *Revue d'art dramatique*, 15 septembre 1889.
2. *Une heure avec... Ionesco*, par Gabriel d'Aubarède.

quer par elle-même : c'est donc à ceux qui lisent ou qui voient une pièce de théâtre de l'expliquer, - à partir de la pièce elle-même [1] ». Toute œuvre, en effet, à l'usage, manifeste des significations multiples, chacun de ses consommateurs y apportant - comme dans la légendaire auberge espagnole - ce qu'il a dans ses poches mentales. Il n'est pas interdit à l'essayiste, par conséquent, d'en dessiner le « profil », même si sa lucidité n'est que partielle.

Avant tout, Ionesco tient à préserver sa liberté créatrice, sa « spontanéité imaginative ». Il affirme que « si on établit qu'il faut être lucide *a priori*, c'est comme si on fermait les vannes [2] ». A Édith Nora, qui l'interrogeait, il répond : « Ce que je pense de mon théâtre n'est pas un programme, mais le résultat d'une expérience de travail [2] ». Considérons donc son œuvre dramatique - il l'a dit lui-même - comme « une aventure, une recherche, une quête, une chasse [3] ». Si l'on ajoute, toujours en se référant à ses déclarations publiques, qu'il considère l'art comme une permanente « remise en question, comme si l'on découvrait le monde [4] », on aboutit à l'impossibilité de cerner sa dramaturgie, impossibilité que nous rejetons.

Au fil des pages où il se confie, où il nous jette quelques miettes positives de ses repas de créateur, apparaissent plusieurs constantes théoriques, qui éclairent les recherches de l'essayiste, qui limitent, au moins, cet espace esthétique que Ionesco semble vouloir considérer comme insondable, parce qu'en expansion. Ces miettes ne peuvent pas encore nourrir un traité ou une thèse, puisque l'œuvre est en cours, en progrès comme dirait Joyce, mais elles s'apparentent à ces hors-d'œuvre qui mettent en appétit.

1. *Notes et contre-notes*, p. 206.
2. *Notes et contre-notes*, p. 100.
3. Présentation du tome I de son *Théâtre*, cf. *La table ronde*, n° 84, décembre 1954, p. 156.
4. Interview de Ionesco par Alain Schifres, cf. *Réalités*, mai 1967, p. 93.

LA PROJECTION D'UN ÉTAT D'ESPRIT

S'il est une formule qu'il convient de retenir, de privilégier, c'est bien : « Le théâtre est pour moi la projection sur scène d'un état d'esprit [1]. » Elle remonte à 1954, est antérieure au *Roi se meurt*, mais elle est confirmée par d'autres déclarations plus récentes, et notamment par des propos tenus devant Alain Schifres, aux termes desquels l'art est pour Ionesco « une technique de libération [2] ». On peut donc déjà dire - et c'est particulièrement évident pour la pièce dont nous esquissons le « profil » - que la dramaturgie ionescienne a pour objet l'expression, la visualisation d'une sorte de « plateau intérieur [3] ». Ionesco reconnaît d'ailleurs que son théâtre, par certains aspects, est proche parent de certaines improvisations contemporaines : « Toute pièce, dit-il, est une sorte de *happening*, beaucoup plus " pensé ". Le *happening* est une découverte de la réalité, une découverte de soi. Ainsi, quand j'écris, je ne sais pas où je veux aller : je veux décrire la mort de quelqu'un, il faut alors inventer un personnage, puis un personnage qui arrive, puis un autre [4]. »

On comprend que son univers théâtral participe d'une dramaturgie de l'éclairage intérieur, un peu obsessionnel donc susceptible de monotonie, mais varié dans son esthétique et ses instruments comme les mille et une fantaisies de l'esprit, qu'il s'agisse d'exprimer un malaise, un vide de l'être, une angoisse, un rêve, un obscur désir, ou de projeter sur une scène des contradictions, des conflits ou des révoltes.

Nous aboutissons au moins à la notion d'une dramaturgie de l'improvisation, de l'aventure, de l'aléatoire, dont la description ne peut être tentée qu'*a posteriori*. La substance des œuvres de Ionesco est une substance morale. Son théâtre est un théâtre de réflexion, au sens où l'on dit qu'un miroir réfléchit. La découverte de soi donne au *Roi se meurt* une force synthétique, qui met en lumière un personnage, dont l'espace intérieur est visualisé en un espace surréel, onirique, que l'on appelle aujourd'hui « théâtralité ».

---

1. *La table ronde*. op. cit., p. 156.
2. *Réalités*, op. cit., p. 94.
3. *Ibid.*
4. *Ibid.*

STRUCTURE DYNAMIQUE DE LA PIÈCE

Ionesco a reconnu que « le théâtre peut être le lieu où il semble que quelque chose se passe [1] », mais il a d'abord cultivé ce genre en produisant des pièces sans véritable action, sans progression dramatique, donc apparemment sans cette dynamique qui entraîne l'attention, la curiosité, et qui procura durant des siècles l'un des plaisirs du théâtre les plus communs : celui de l'attente du dénouement. Ne nouant rien, l'auteur de *La cantatrice chauve* ou des *Chaises* ne dénoue évidemment rien. Nous avertissant dès le titre que « le roi se meurt », et faisant préciser au fil des répliques que cet avertissement est irrévocable, n'utilisant point quelqu'un de ces ressorts dramatiques que constituent les entrées, les fausses et les vraies nouvelles, les interventions humaines, divines, ou autres péripéties du théâtre traditionnel, le lecteur ou le spectateur peut se demander si l'auteur, dans sa volonté de renouveler l'instrument dramatique, n'aurait point radicalement renoncé à toute structure dynamique de ses pièces.

A ces considérations sur l'abandon de ressorts classiques, s'ajoute le fait - nous venons de le préciser - que l'espace théâtral du *Roi se meurt*, comme celui du *Piéton de l'air* ou de *Tueur sans gages*, n'est ni un vrai palais, ni un empire, ni un lieu quelconque du réel tangible, mais ce que l'on pourrait désigner, par référence à l'un des titres de son ami Dubillard [2], une « maison d'os », c'est-à-dire le crâne. L'irréalité, ou la surréalité du théâtre de Ionesco échappe, en quelque sorte, à la force des choses. Elle semble ne pouvoir contenir - et elle ne contient de fait - que des monologues intérieurs, avec leurs ralentis, leurs accélérations et leurs divagations, mais sans événements.

En réalité, surtout depuis *Rhinocéros*, Ionesco a, non pas abandonné, mais renouvelé l'intérêt dramatique. A l'intérieur de l'apparente continuité linéaire du *Roi se meurt*, naissent d'autres conflits que les conflits individuels. Toute pièce de

---

1. *Notes et contre-notes*, p. 199.
2. Roland Dubillard, comédien et auteur dramatique (né en 1923), est l'auteur de *Naïves hirondelles* (1961) et de *La maison d'os* (1962).

Ionesco demeure un combat, comme le veulent Voltaire et les écrivains engagés [1], mais l'absence d'intrigue confère aux dialogues un caractère dynamique particulier. Répondant à des questions de Claude Sarraute, il a jalonné lui-même la progression dramatique du *Roi se meurt*, dont les étapes intérieures, sous une autre forme que les péripéties classiques, tissent une ligne de forces sur laquelle tout spectateur attentif peut concentrer son intérêt : « peur, désir de survivre, tristesse, nostalgie, souvenirs, et puis résignation [2] ». Cette énumération n'est pas complète, ainsi qu'on le peut vérifier dans notre analyse de la pièce. Elle ne retient pas, notamment, le rebondissement, la rupture que constitue le sursaut du roi lorsqu'il s'écrie : « Je pourrais décider de ne pas mourir (...) Si je décidais de ne pas me décider » (p. 133). A ce moment précis du *Roi se meurt*, tout semble encore possible, et Ionesco lui-même, dans ses *Entretiens* [3] avec Claude Bonnefoy, a loué une mise en scène de Robert Postec, à Bruxelles, qui accentuait « la cassure au lieu d'essayer de la masquer ».

Le non-réalisme de la dramaturgie ionescienne n'exclut donc nullement toute dynamique. Peu d'événements se produisent : à peine la glissade, le faux-pas d'un vieux roi (p. 88), dont les cheveux blanchissent (p. 77), et sur lesquels on veut mettre un bonnet (p. 88). Mais le mouvement des états de conscience, en arabesque le plus souvent, est bien une ligne dramatique, faite d'accélérations (p. 115-121), de ralentissements lyriques (p. 138), d'arrêts pour besoins verbaux (p. 98), de nouveaux départs dans la fièvre de l'espérance (p. 127-128), de marches litaniques (p. 104-105) ou somnambuliques (p. 150), ligne sinueuse mais bien orientée vers l'envasement final. C'est ce que, par référence à la boue d'un récit comme *La vase*, nous nommerons la dynamique des sables mouvants. L'investissement d'un crâne par la peur, l'angoisse et la panique funèbres sont progressifs comme un enlisement (p. 148).

1. Cf. les ouvrages critiques de Bernard Dort : *Théâtre public* (Le Seuil, 1967) et *Théâtre réel* (Le Seuil, 1971).
2. *Le monde*, 19 décembre 1962, p. 14.
3. *Entretiens avec Ionesco* par Claude Bonnefoy, éd. Pierre Belfond, 1966, p. 114-115.

LE PERSONNAGE PIVOTAL

Aux marionnettes de ses premières œuvres, personnages de dérision pure, Ionesco a peu à peu substitué des êtres qui, tout en demeurant simplifiés pour incarner tel type, le vieillard solitaire *(Les chaises)*, telle puissance *(Le tueur sans gages)*, ou telle virtualité humaine *(Le piéton de l'air)*, ne s'en sont pas moins chargés de signification psychologique.

Dans *Le roi se meurt* [1], Juliette et le Garde, Marie et le Médecin incarnent des groupes humains, des attitudes sentimentales, des puissances. Ils constituent l'environnement social dans lequel évolue ce personnage à vocation universelle que nous nommerons pivotal, le roi, parce qu'il est au centre de la pièce - la position du trône en est le signe visuel -, et parce qu'il a pour fonction scénique de concentrer en lui-même une passion fondamentale, au double sens de souffrance et de densité affectives. C'est le moment de rapprocher la dramaturgie ionescienne de celle d'Alfred Jarry, qui a conçu, voici bientôt un siècle, au moins deux héros de même taille : Ubu et Faustroll [2]. Ces deux personnages révèlent deux faces de l'humanité, l'une cupide, impavide, cruelle et verbeuse sous son masque royal et « merdreux », l'autre désabusée, exprimant la certitude de l'identité des contraires, de cette équipollence selon laquelle tout est la même chose.

Réunissant Ubu et Faustroll, Bérenger représente l'homme, tout homme, dans une incohérence fondamentale née de contradictions, d'illusions, de naïvetés et de scepticismes. Il est chargé, à la fois, des grandeurs et des petitesses de l'humanité. On ne peut plus vraiment parler, comme l'a fait Serge Doubrovsky, d'un « comique de non-caractère [3] », mais d'une synthétisation des ridicules humains. Comme disait Novalis : « L'humanité est un personnage au rôle humoristique [4]. »

Ionesco lui-même a bien senti cette évolution de sa dramaturgie lorsqu'il note dans son *Journal en miettes* : « Je déshabille l'homme de l'inhumanité de sa classe, de sa

1. Cf. notre chapitre 4.
2. Cf. *supra*, p. 35, note 1 et p. 14, note 3.
3. *Le rire d'Eugène Ionesco*, N.R.F., 1er février 1960, p. 317.
4. *Fragments* (1798), cf. *Les romantiques allemands*, éd. Desclée de Brouwer, 1956, p. 221.

race, de sa condition bourgeoise ou autre (...) Je suis *tous les autres* dans ce qu'ils ont d'humain [1]. » N'ayons pas peur des mots, même lorsqu'ils font l'objet du ricanement des révolutionnaires de salon : Ionesco, depuis *Rhinocéros* jusqu'au *Roi se meurt*, est revenu à un théâtre humaniste. Il ne cherche pas, comme les « auteurs engagés », à « nous violer [2] », et il ne nous propose aucune fin politique ni éthique : il peint l'homme qu'il est lui-même et, jusqu'à un certain point, Bérenger est l'essence même de Ionesco. Il peint l'homme qu'il observe en autrui, et cet homme multiple, il en focalise l'image en ce point extra-terrestre que l'on nomme aujourd'hui théâtralité.

DE LA THÉÂTRALITÉ

Comme dit Ionesco, « l'espace est immense à l'intérieur de nous-mêmes. Qui ose s'y aventurer ? Il nous faut des explorateurs, des découvreurs de mondes inconnus qui sont en nous, qui sont à découvrir en nous [3] ». Tout se passe comme si, depuis le Surréalisme en particulier, la dramaturgie moderne s'était efforcée de détruire la réalité, ou ce que le théâtre traditionnel présentait comme tel, afin de capter, sur cet espace vierge qu'est la scène, les échos d'un univers où n'entrent, comme dit Renée Saurel à propos d'une pièce de Carlos Fuentès *(Le borgne est roi)* : « ni logique, ni psychologie, ni message, ni contexte historique précis [4]. »

Ce lieu hors du temps et de l'espace, ces héros sans situation - Bérenger est roi comme Ubu l'est de Pologne ou d'ailleurs -, ce refus de toute substance et de tout être référenciés, cette élimination de l'anecdote, c'est ce qu'on nomme la « théâtralité ». Des personnages sans véritable singularité évoluent et parlent comme dans un rêve sur un espace scénique dépourvu de toutes coordonnées. A la limite, le spectateur a l'impression d'y suivre un théâtre d'ombres, peuplé d'êtres archétypiques.

Les éléments naturels, les objets sont en dehors de la réalité. Certes, en notes marginales, Ionesco précise le décor souhaité, un trône pour le roi, deux « trônes plus petits » pour

1. *Journal en miettes*, p. 26-27.
2. *Ibid.*, p. 25.
3. *Notes et contre-notes*, p. 207.
4. *Les temps modernes*, mai 1971, p. 2094.

les reines, des portes, une « fenêtre ogivale », une salle « vaguement délabrée, vaguement gothique » (p. 28), mais il ne s'agit plus de fournir au spectateur des éléments de reconnaissance. Le décor est « vague », et l'anachronisme qui naît de la juxtaposition d'une salle gothique et d'un manteau royal provenant « d'un grand couturier » (p. 30) détruit tout réflexe de repérage. Une certaine transparence l'empêche de peser sur la vision du spectateur, de submerger son imagination. Tout semble échapper au réel, trop limité, pour prendre une valeur générale, et conférer à cette féerie funèbre qu'est *Le roi se meurt* une profondeur symbolique. Ionesco a grand souci des questions techniques et pratiques du théâtre. Il suggère des mises en scène. Il les juge, il en discute [1]. Il ne refuse donc pas tout héritage dramaturgique, mais en même temps, au cours de la pièce, il brise l'illusion théâtrale en faisant appel, par exemple, aux réalités du plateau [2].

En somme, la théâtralité ionescienne tend à empêcher l'illusion, chère au réalisme, ou plus exactement à provoquer comme un plongeon hors du monde, à contraindre le public à accepter l'artifice le plus délibéré, d'où peut naître, non le comique ou le tragique, comme on le dit trop souvent, mais le sentiment d'une étrange révélation. Délivré des meubles, des dates, des masques de composition, le théâtre se développe dans une dimension purement mentale, où chante l'âme collective, où le comédien devient poète, c'est-à-dire créateur de nouveaux mondes, ou révélateur de mondes inconnus. Ionesco matérialise des événements intérieurs et en fait une « réalité » scénique, où l'expérience commune peut finalement se retrouver.

On comprend qu'alors les paroles peuvent être stéréotypées, comme les apitoiements pré-posthumes de Juliette (p. 140-141), les certitudes hâtives du garde-reporter (p. 111), que la diction des comédiens peut devenir mécanique, comme celle des clowns ou d'Alfred Jarry : les éléments dramatiques ne servent plus, ils signifient. Le Garde du *Roi se meurt* tient une hallebarde, mais il parle comme un poste périphérique, sans discernement ni recul : il est, par exemple, la presse pressée. La reine Marie s'époumonne dans la rhéto-

---

1. Cf. Cl. Bonnefoy : *Entretiens avec Eugène Ionesco*, Éd. P. Belfond, 1966, p. 114 sqq.
2. Cf. *Le roi se meurt:* « Tu vas mourir à la fin du spectacle » (p. 59).

rique amoureuse (p. 127), mais son euphorie demeure étrangère à l'action.

En un sens, *Le roi se meurt* appartient donc à ce qu'on a baptisé un peu vite l'anti-théâtre, ou le théâtre de l'absurde [1], dans la mesure où l'on admet que la pièce rompt avec le réalisme tout en conservant non seulement la séparation du spectacle et des spectateurs, mais encore l'infrastructure du drame, constituée par un décor, des costumes, des accessoires et des personnages. L'œuvre cultive l'autonomie d'un espace, d'un temps, mais sans rompre complètement avec tout héritage dramaturgique. Elle est création d'un univers surréel ou, comme aurait dit Jarry, « supplémentaire ». Et c'est ce qui lui permet, peut-être, d'atteindre aux impondérables révélations du théâtre d'un sommeil.

DE L'ONIRISME DANS « LE ROI SE MEURT »

C'est probablement pour légitimer certaines de ses œuvres que Ionesco a dit un jour - ou à peu près - que le théâtre ne relève pas de la littérature. Nous avons vu que, pour l'auteur du *Roi se meurt*, toute pièce est visualisation et sonorisation d'une conscience en marche. L'agonie de Bérenger Ier invite l'essayiste à se demander si la formule ne pourrait pas être étendue à cette vie de l'esprit qui palpite dans le rêve et la rêverie.

L'analyse de la pièce, qui met en évidence le désordre d'un esprit cerné par son angoisse, invite en effet à penser que *Le roi se meurt* est l'exploitation dramatique d'une situation onirique. Ce n'est sans doute pas un hasard si Ionesco a choisi le même nom (Bérenger) pour les héros du *Tueur sans gages*, du *Piéton de l'air*, de *Rhinocéros* et du *Roi se meurt* : tous quatre évoluent dans un univers de rêve. L'un rencontre la mort, l'autre pédale au-dessus de la terre, le troisième est peu à peu cerné par des bêtes unicornes, et Bérenger Ier rêve sa propre mort. Comme dans les mondes oniriques, le danger est muet, la pesanteur disparaît, les monstres pullulent, ou le temps avance presque concrètement avec une régularité métronomique. Ce fantastique ionescien est

---

1. Martin Esslin revendique la paternité de l'expression « théâtre de l'absurde » dans *Au-delà de l'absurde*, Éd. Buchet-Chastel, 1970, p. 259. Cette expression était le titre de son premier ouvrage.

constitué par autant de fragments de la condition humaine. L'homme se rêve, sur le mode burlesque ou lyrique, comique ou pathétique, et c'est peut-être ce qui fait que, même agonisant, Bérenger Ier n'est jamais assez proche, n'est jamais assez identifiable pour attirer la compassion d'une salle ou d'un lecteur.

La mort est un spectacle auquel assiste le moribond, comme son entourage ou son public. C'est notre conscience, après coup, qui le charge de significations, qui attribue une valeur symbolique à ses constituants et tente de les expliciter, mais pour l'auteur cette séparation de la conscience et de l'inconscience est étrangère à sa création dramatique. A Alain Schifres, il précisait en 1967 : « Si la conscience ludique démystifie le rêve, le rêve à son tour démystifie la fausse réalité diurne. Ce n'est pas le conscient et l'inconscient. C'est comme s'il s'agissait de deux états de conscience différents qui servent tantôt à se masquer, tantôt à s'éclairer l'un l'autre [1]. »

Ayant ainsi défini une fois de plus le « sens de (sa) quête », Ionesco explique, en fait, telle allusion à des faits contemporains (p. 105, 109, 135, 136 par exemple), tel clin d'œil à la salle à l'aide d'une pseudo-citation (p. 127, 161, 164 par exemple [2]) et en général le mélange, dans Le roi se meurt, d'un langage réaliste et de situations qui ne le sont pas. Autrement dit, le rêve ionescien, contrairement à ceux des Surréalistes, est constamment contrôlé. Il sert d'univers à des personnages qui l'ignorent, et de ce décalage entre un monde et ses habitants naît l'équivoque atmosphère du théâtre de Ionesco et, comme nous le verrons, un certain comique.

UNE PIÈCE SYMBOLIQUE

Puisque ce théâtre en général, et Le roi se meurt en particulier, ne sont jamais l'image de la vie, de la vie diurne et concrète, c'est que les événements dramatiques, c'est que nombre de paroles sont le signe d'autre chose qu'eux-mêmes.

A l'intérieur de la durée onirique, le héros n'est pas libre.

---

1. *Réalités*, mai 1967, p. 96.
2. Allusions à une expression surréaliste, « l'amour fou », à Socrate se proclamant « guéri » au moment de mourir, et au « peu profond ruisseau » du *Tombeau* de Verlaine par Mallarmé.

On a vu que, comme saint Antoine, il est assailli par des bêtes, par des abstractions personnifiées. Il l'est aussi par des objets, chaises ou cadavre. Comme le dormeur, il semble entravé par le linceul provisoire de la nuit. Cette soumission aux puissances irrationnelles désigne symboliquement la condition humaine.

Ionesco refuserait d'être catalogué comme écrivain symboliste, et il aurait raison, mais il a reconnu que dans ses pièces, et notamment dans *Le roi se meurt*, « les symboles prennent plus d'importance [1] ». Il est inutile d'expliciter les morts métaphoriques du roi Bérenger Ier, depuis la fissure jusqu'aux mégots, - ces cigarettes consumées comme une vie -, en passant par le désordre cosmique. Il est évident que « le vieillissement physiologique d'un monde fatal [2] » correspond, au sens swedenborgien [3], à la décrépitude du monarque. Divers niveaux de mort, céleste, terrestre et sociale, sont rendus par des nouvelles météorologiques, politiques, et par la progressive dissolution du pouvoir royal. Toutes les fiches cliniques du monde sont parallèles aux sénilités qui assaillent Bérenger, biologiques, sensuelles et mentales.

Mais ici, comme dans les grandes œuvres de Mallarmé, le symbole ne doit pas être émietté : il est global. C'est toute la pièce qui l'établit. Sur le mode burlesque ou bouffon, qui est le ton propre de Ionesco, *Le roi se meurt* dit que l'ordre du monde est lié aux drames humains, qu'il est compromis dans toute agonie. C'est bien ce que rappelait l'auteur lui-même dans une interview : « L'homme est roi, le roi d'un univers. Chacun de nous est là comme au cœur du monde, et chaque fois qu'un homme meurt, il a le sentiment que le monde entier s'écroule, disparaît avec lui [4]. » C'est pourquoi « la mort de ce roi se présente comme une suite de cérémonies à la fois dérisoires et fastueuses [5] ».

---

1. Interview parue dans *Réalités*, op. cit., p. 96.
2. Titre d'un article d'Albert-Marie Schmidt sur *Fauvel*, poème du XIVe siècle de Gervais du Bus, in *La table ronde*, n° 110, février 1957.
3. Emmanuel de Swedenborg, philosophe, théologien et mystique suédois (1688-1772), est notamment l'auteur des *Merveilles du ciel et de l'enfer*, où il expose une doctrine des relations entre le visible et l'invisible, des « correspondances » entre le ciel et la terre, entre le cosmos et l'homme. Balzac et Baudelaire s'en souviendront.
4. *Le monde*, 19 décembre 1962.
5. *Ibid.*

6 | Un certain comique

Même si un critique dramatique a pu noter qu' « on rit beaucoup au *Roi se meurt* [1] », Ionesco n'est rien moins qu'un auteur comique. Dès 1958, il déclarait : « Je n'ai jamais compris, pour ma part, la différence que l'on fait entre comique et tragique. Le comique étant intuition de l'absurde, il me semble plus désespérant que le tragique. Le comique n'offre pas d'issue [2]. » Deux ans plus tard, il affirmait que faire rire « n'est pas (son) propos le plus important [3] », précisant, aussitôt après, le rôle du comique dans sa dramaturgie : « Le comique, dans mes pièces, n'est souvent qu'une étape de la construction dramatique, et même un moyen de construire la pièce. Il devient de plus en plus un outil, pour faire contrepoint avec le drame [4]. » Ces déclarations conviennent plus particulièrement au *Roi se meurt* [5].

UN COMIQUE DE PONCTUATION

En cette œuvre grave, il apparaît en effet que le comique n'est qu'une ponctuation du récitatif funèbre, un arrêt du flux

1. Jacques Lemarchand, dans *Le figaro littéraire*, article du 5 janvier 1963.
2. In *Expérience du théâtre* (*Nouvelle revue française*, février 1958, article repris dans *Notes et contre-notes*, p. 13-14).
3. Entretien avec Édith Nora dans *Les nouvelles littéraires*, 1960 (repris dans *Notes et contre-notes*, p. 98).
4. *Ibidem.*
5. Ionesco n'a jamais varié sur l'identité des contradictoires, sur leur dynamique. Dans son pseudo-drame, *Victimes du devoir*, il fait dire au poète Nicolas d'Eu : « Nous abandonnerons le principe de l'identité et de l'unité des caractères, au profit du mouvement, d'une psychologie dynamique (...) Plus de drame ni de tragédie : le tragique se fait comique, le comique est tragique, et la vie devient gaie... » (*Théâtre*, tome I, éd. Gallimard, 1954, p. 220).

d'émotion, une reprise de souffle dans l'asphyxie progressive d'un être, et qu'il est vain d'y rechercher ce que la critique traditionnelle nomme comique de caractère et comique de situation. Si des personnages comme le Garde et Juliette peuvent provoquer le rire, c'est par des répliques en écho qui naissent des mots. Un seul exemple suffit à illustrer le procédé, c'est celui de la proclamation du Garde alors que le roi vient d'égrener ses regrets gastronomiques. Le Garde annonce : « Pot-au-feu défendu sur toute l'étendue du territoire » (p. 121). Ionesco lui-même nous invite à ne pas fonder une étude du comique dans son œuvre sur les situations puisque « Toutes les situations sont humoristiques et toutes les situations sont tragiques [1] ».

Malgré le goût de l'auteur pour les notes marginales de mise en scène, on ne saurait pas davantage tenter de définir le comique du *Roi se meurt* par des éléments gestuels. C'est le domaine du metteur en scène beaucoup plus que celui du dramaturge. Telle mimique d'acteur peut charger un mot ou un silence d'une puissance comique singulière. Telle invention dans l'économie scénique peut redoubler l'effet farcesque d'une situation ou d'une réplique. Il convient donc de s'en tenir au texte et de considérer que le comique, dans une pièce écrite, ne peut être déterminé que par une étude des jeux du langage [2].

UNE ANARCHIE
STYLISTIQUE DE RUPTURE

Dans *Le roi se meurt*, c'est le langage qui fait le clown. C'est la rencontre, l'enchaînement, ou la succession des mots, qui font rire ou sourire. La poétique comique de la pièce naît d'un décalage, d'un dérapage verbal. Ayant renoncé à la fallacieuse unité de style et de ton qui caractérisait le théâtre classique, Ionesco manœuvre en toute liberté, en toute imprévisibilité. Il use d'un vocabulaire déchaîné, mêlant l'anachronisme et le calembour, l'analogie burlesque et la cocasserie, et cette anarchie stylistique brise le tragique qui tendrait

1. In Claude Bonnefoy : *Entretiens avec Eugène Ionesco*, éd. P. Belfond, p. 153.
2. D'une manière générale, ces jeux sont fondés sur un refus de l'homogénéité sémantique, qui permet la mise en concurrence de plusieurs significations.

à s'installer sur la scène et dans la salle en raison du thème choisi.

Lorsque affleure le pathétique, qui aurait tendance à colorer trop uniformément la noire approche de la mort, Ionesco utilise le procédé que nous appellerons le « chaud-froid », c'est-à-dire l'enrobage des idées ou des sentiments dans les mots de la farce et de l'insolite. Dans *Le roi se meurt*, il ne s'agit plus d'une désarticulation du langage, mais d'une utilisation du langage-pour-rien, des « mots déjà parlés [1] », comme dit Michel Foucault à propos de Raymond Roussel, utilisation qui déclenche le rire par surprise.

Parmi les nombreux exemples qui pourraient éclairer cette conception du comique ionescien, citons seulement la pluie de grenouilles, la liquéfaction des sujets du royaume (p. 49), qui rompent le climat apocalyptique de l'exposition. Citons les larmes de Marie et de Juliette qui, devenues pluie, « enlisent » le roi (p. 103). Cette référence biblique burlesque, ce vocabulaire de la physique, cet effet baroque, sont autant de ruptures de la tension tragique, c'est-à-dire des reconquêtes d'une lucidité de la conscience, où Ionesco voit l'essence de l'humour [2].

UNE AÉRATION HUMORISTIQUE

Le comique ionescien est avant tout, au moins dans *Le roi se meurt*, établissement d'une distance entre une situation et celui qui la vit, entre une situation et celui qui la voit. Dès le début de la pièce, la pratique de l'anachronisme favorise ce recul humoristique.

Dans le palais royal, « vaguement gothique » (p. 28), où le Garde porte hallebarde, on entend parler de « mégots » (p. 30), de « living-room » (p. 31), de « gueuletons » (p. 42), d' « objecteurs de conscience » (p. 44) et de « bistrots » (p. 45). Autant de modernismes dans le cadre d'une majesté théorique, dont l'insolite référence n'a pas seulement pour objet de créer l'utopie et l'intemporalité ionesciennes, mais surtout de provoquer le sourire, voire le rire, par une fantaisie cocasse.

1. Michel Foucault : *Raymond Roussel*, éd. Gallimard, 1963, p. 61.
2. Cf : « L'humour suppose une conscience lucide. Il suppose un dédoublement, une conscience lucide de la vanité de ses propres passions » (in Claude Bonnefoy : *Entretiens avec Eugène Ionesco*, éd. Belfond, p. 152).

Ionesco cherche à éviter l'atmosphère d'étouffement, qui caractérise ordinairement la maison des mourants. L'aération provient de ce que nous appellerons le clin d'œil au spectateur. On la reçoit des mots à la mode, comme « striptease » (p. 42) ou « breakfast » (p. 54). On la reçoit des mots relatifs à une armée moderne, comme « tank », « avion de chasse » (p. 92), ou « pilotes d'essai » (p. 135). Elle passe par le vocabulaire du dernier bateau scientifique, la « fission de l'atome » (p. 136), ou le « bathyscaphe » (p. 109). Toutes ces allusions brisent l'enchantement scénique et ramènent le spectateur à une réalité hors du spectacle.

D'autres allusions concourent à éliminer l'air conditionné par la mort. Elles sont parfois de nature populaire et engendrent un comique facile. C'est, par exemple, la phrase du roi évoquant les repas modestes, « le bouillon... les carottes bien cuites » (p. 121), qui fait surgir dans l'esprit du spectateur la triviale constatation qu'une affaire est compromise : « Les carottes sont cuites. » D'autres sont plus subtiles, plus littéraires.

Ionesco parodie des styles célèbres, celui d'Anouilh [1], de Montherlant [2] ou du surréalisme [3]. Il se sert de ces allusions comme d'une sonnerie, qui doit réveiller un public trop enclin à s'endormir dans le ronronnement d'une langue uniforme. Comme un homme qu'on surprend à rêvasser, et qui sort de son extase avec un éclat de rire, le spectateur, pour peu qu'il soit un peu cultivé, perçoit la discordance stylistique et reprend pied sur le sol de la réalité. Le procédé n'est pas systématique mais il est relativement fréquent. Nous l'avons signalé à propos de Socrate mourant, et nous pourrions le retrouver à propos de Pascal [4], de Jarry [5], de Sartre [6], d'Eschyle [7], voire d'une évidente parodie des litanies des Saints [8]. Le rire, ou le sourire, naît alors d'une complicité culturelle sans aucun pédantisme.

---

1. « Ils n'ont que ça à la bouche... » (p. 34).
2. « Beaucoup de gens ont la folie des grandeurs. Vous avez une folie de petitesse » (p. 47).
3. « L'amour est fou. Si tu as l'amour fou, si tu aimes intensément... » (p. 127).
4. On peut, en effet, voir une allusion au « divertissement » pascalien lorsque la reine Marguerite dit à la reine Marie : « N'essaye plus de le distraire » (p. 75).
5. Voir p. 62.
6. Page 165.
7. Page 134.
8. Pages 105-107.

UNE COCASSERIE LIBÉRATRICE

La reprise en chaîne des mots, qui n'est pas seulement paronomase, c'est-à-dire rapprochement de sonorités [1], mais concaténation [2], déclenche le rire intérieur de tout spectateur habitué aux jeux de mots. Lorsque Marguerite explique au roi qu'il meurt « pour des raisons d'État » (p. 95), Bérenger Ier réplique, paraphrasant Louis le quatorzième : « L'État, c'est moi. » Et Juliette, songeant au moribond plus qu'au monarque, ajoute ce commentaire superflu : « Le malheureux ! Dans quel état ! » (p. 96). De même, c'est le seul jeu verbal qui rend comique la notion d'être (p. 109 sqq.) interprétée biologiquement par la reine Marguerite et naïvement par la reine Marie. Le comique ionescien est à la fois spontané et concerté. L'auteur ne se gêne même pas pour en souligner le caractère verbal, faisant dire à Juliette, à propos des « carottes bien cuites » : « Il fait encore des jeux de mots » (p. 121).

Il s'agit pour Ionesco de détruire la fausse pompe du langage. A partir du moment où le spectateur prend conscience de la piraterie linguistique, il sort de l'envasement tragique. Il sourit d'être surpris en flagrant délit de sérieux. Il entre dans une stylistique non ségrégationniste, dans une fantaisie cocasse qui le réjouit alors qu'il était sur le point de s'abandonner à la pitié et à la terreur. C'est Ionesco, et non Hugo, qui a fait la « Nuit du 4 août » des mots. L'ancien privilège du style noble se dissout dans les incongruités. Jadis tus parce qu'incompatibles avec la tristesse majestueuse de la tragédie, les mots de la trivialité font surface. Ils sont la principale source du comique.

UN COMIQUE SUBMERGÉ

Agressifs ou naïfs, selon qu'ils sont prononcés par la reine Marguerite ou par Juliette, les mots drôles, les « sorties » comme on dit dans la réalité quotidienne, reflètent une pensée ordinairement censurée, une obsession que la bienséance

---

1. Du type « l'affreux Alfred », que signalent tous les spécialistes de la linguistique, ou du type « service divin... service du vin », utilisé par Rabelais (in *Gargantua*, chap. XXVII).
2. Enchaînement d'une nouvelle phrase avec le dernier mot de la précédente.

retient. Ils créent un contraste, d'autant plus vigoureux qu'il est momentané, avec la tension dramatique.

Dans *Le roi se meurt*, cette ponctuation comique apparaît comme une erreur de pas dans la danse verbale convenue ou attendue, et cette discontinuité permet à Ionesco de se jouer une fois de plus du langage truqué de la rhétorique amoureuse ou funèbre. Mais si le dramaturge se fie aux vertus comiques du mot pour le mot, s'il y a scandale dans la parole, le comique de contradiction n'est jamais exploité longuement. Ionesco lui-même dit qu'il est éphémère, qu' « il finit par être submergé [1] » par la cérémonie « dérisoire et fastueuse [2] » qu'est la pièce, cérémonie au cours de laquelle, on va le voir, le sectateur du langage finit par céder à ses prestiges et à sa puissance.

1. In *Notes et contre-notes*, p. 99.
2. Déclaration de Ionesco dans *Le monde* du 19 décembre 1962.

7 Les ressources du langage

Les mots de la pièce disent, en effet, à la fois ce faste et cette
dérision. Après s'être tant gaussé des incertitudes du langage,
de ses ambiguïtés et de sa profonde vacuité quotidienne
(cf. *La leçon, La cantatrice chauve*), Ionesco s'est enfin abandonné à ses pouvoirs, à ses charmes, au sens incantatoire du
mot.

Notons tout d'abord que, dans *Le roi se meurt*, le lecteur
rencontre assez peu de ces lieux communs, de ces répliques
vides qui foisonnent dans les premières pièces de Ionesco.
L'auteur ne s'est pas, pour autant, privé des ressources
dramatiques de la cocasserie et de l'humour - on vient de le
voir - mais il s'en sert pour faire « prendre conscience avec
une lucidité libre de la condition tragique ou dérisoire de
l'homme [2] ». Ce n'est pas nouveau, les Grecs, dans leurs
plus sombres pièces, ayant parfois glissé des allusions plai-
santes, mais Ionesco, comme tout le théâtre moderne, ridiculise le « Saint LANGAGE [3] ». Dans *Le roi se meurt*, nous n'assistons pourtant plus à son éclatement. Le texte de la pièce
semble indiquer, au contraire, de la part de Ionesco, un retour
à la littérature.

GÉOMÉTRIE LEXICALE VARIABLE

La modernité de son langage dramatique n'est pas atteinte.
De même que Ionesco récuse toute idéologie stable, de même
il cultive la forme esthétique, dont le langage est l'armature,
comme une forme à géométrie lexicale variable, c'est-à-dire

1. In *Poétique de la rêverie*, P.U.F., 1968, p. 27.
2. *Notes et contre-notes*, p. 121.
3. *La pythie* de Valéry, éd. Pléiade, I, 136.

une langue théâtrale qui fait appel à des mots, des tonalités et des registres très diversifiés. D'où le mélange du style lyrique, parodique (p. 119) ou non (p. 115-127), et du style plébé (p. 117). D'où la coexistence des platitudes (p. 115) et de sentences oratoires [1] (p. 107). Nous n'entendons plus un langage vidé de toute signification, parce qu'il est « l'expression (du) vide ontologique [2] », mais nous assistons au jeu de ce que Valéry, à propos d'une aurore poétique, nomma les « similitudes amies [3] ». Il suffit de lire un texte de Philippe Sollers [4] pour voir jusqu'où l'écriture moderne cultive, après Alfred Jarry et les Surréalistes, les insolites analogies phonétiques. Ionesco ne boude pas son plaisir de prendre *Un mot pour un autre*, comme dit Jean Tardieu. Il ne s'agit pas vraiment d'un nouveau langage dramatique, mais d'une sorte de distance qu'un auteur contemporain met entre le langage truqué de la vie et sa propre chorégraphie verbale.

LE SALUT PAR LES MOTS

La danse des mots, dans *Le roi se meurt*, est nécessairement une danse macabre. C'est une manipulation des signes sans véritables distorsions sémantiques, sans excessives turbulences d'images. C'est que Ionesco s'est laissé prendre à leur fallacieuse ou réelle puissance. Un matériau grave, les mots de la mort, est parfois traité en farce - nous en avons donné plus haut quelques exemples - mais le plus souvent avec une sorte de respect.

Telles, du moins, nous apparaissent, par-delà leur propos dérisoire, les louanges de l'homme-roi (p. 135-136). Cette glorification, qui n'est burlesque que par le mixage de références sérieuses et de malices, participe d'un lyrisme refoulé, par pudeur ou sens pataphysique de l'identité des contraires. Ces prières (p. 105) que la Cour récite, selon le vœu explicite de l'auteur, « comme un rituel, avec solennité, presque chan-

---

1. Du type : « Ma mort est innombrable. Tant d'univers s'éteignent en moi », qui parodie les dernières paroles de Néron mourant.
2. *Table ronde*, n° 84, p. 157.
3. *Charmes*, éd. Pléiade, p. 111.
4. Par exemple, son commentaire d'*Éden, Éden, Éden*, de Pierre Guyotat : *La matière et sa phrase*, in *Critique*, n° 290, juillet 1971, p. 607-609.

tées » (note marginale, p. 105), sont un appel à l'aide qui entraînerait le pathétique, si le Médecin, par réflexe professionnel, n'en stoppait l'écoulement litanique en proposant des « pilules euphoriques, des tranquillisants » (p. 105). Ces tentatives de salut par les mots (p. 98), de salut par la mémorisation cristallisée (p. 138), qu'est-ce que tout cela, sinon le parcours du labyrinthe parlé de la vie et de la mort, sinon la reconnaissance des prestiges du langage, et finalement de ses pouvoirs ?

LE LINCEUL DU VERBE

Le consentement à la mort même, par Bérenger, n'est-il pas l'effet des mots de Marguerite ? Qu'on se reporte aux pages finales du *Roi se meurt* (p. 160-165). On y constate que la reine porte le roi jusqu'à son trône-tombeau à bout de mots, qu'elle l'enveloppe dans le linceul du verbe, où dorment les « rois » morts. Il nous paraît impossible que Ionesco n'ait pas conçu la berceuse finale comme une preuve de l'efficacité du langage oratoire. Il n'y a plus là de discontinuité verbale analogue à celles des péripéties mentales de l'agonie, mais une force continue, lente comme une infiltration. Il se peut que la mort sans phrases soit la plus douce, mais telle n'est point l'éthique de la reine Marguerite. Cette vérité charnelle qu'est la mort, comme le soleil, ne s'approche qu'avec des lunettes de paroles, embuées ou non de larmes.

Et pourtant, tout le reste de la pièce a dégonflé les illusions du verbiage, des litanies propitiatoires, des consolations spirituelles et sentimentales. Alors ? Alors, nous avons le choix, s'agissant de l'ensevelissement verbal du roi, entre l'interpréter comme une redondance dramatique qui confirme les dérisions antérieures ou y voir, au contraire - et pourquoi pas conjointement -, une reconnaissance aux ressources des mots, dont la puissance d'envoûtement accompagne le bras qui fait franchir le « peu profond ruisseau calomnié [1] ».

---

1. Mallarmé : *Tombeau* (de Verlaine), éd. Pléiade, p. 71.

Conclusion

IRONIE ET SIGNIFICATION PROFONDE

Le « ruisseau » passé, le rideau tombé, une pièce comme *Le roi se meurt* continue de se dérouler sur le théâtre de notre esprit. C'est le propre des œuvres classiques, dont Merleau-Ponty a dit que leur résonance produit une « vérité seconde [1] ». Leur universalité n'est jamais délibérée : elle leur vient de surcroît. Ionesco a transcrit un de ses problèmes intimes, la peur de la mort, ce qui peut sembler individualiste et mesquin. Il n'a pas redouté la banalité d'une veillée funèbre. De cette singularité comme de cette banalité [2], il a fait une œuvre qui pourrait porter le titre d'une comédie de C.-D. Grabbe (1801-1836) chère à Alfred Jarry : *Scherz, Satire, Ironie und tiefere Bedeutung* [3], que l'on traduit par « Plaisanterie, satire, ironie et signification profonde ».

Quelque professeur de philosophie, en mal de pédantisme, qualifiera sans doute Ionesco d' « auteur pour classes de Terminales », mais qu'importe. Une œuvre d'art n'est pas un cours. C'est une espèce de sécrétion interne, dont les effets sont multiples, et pour notre part, nous nous en tiendrons à quelques conclusions.

L'agonie du roi Bérenger est beaucoup plus qu'une suite de moments douloureux, naïfs et lyriques au soir d'une vie. C'est une « modification », comme titrerait Butor, c'est le changement d'une conscience pendant la durée d'une pièce.

---

1. Merleau-Ponty : *Signes*, éd. Gallimard, 1960, p. 16.
2. Sur le bon usage des « pensées banales », cf. *Journal en miettes*, p. 147.
3. L'un des 27 « Livres pairs » du Docteur Faustroll. Cf. *Gestes et opinions du Docteur Faustroll*, d'Alfred Jarry (I, 4).

La formule a été utilisée pour définir *La jeune Parque* de Valéry [1], et elle convient au *Roi se meurt*, la reine Marguerite étant cousine de la Parque Atropos. D'abord bloqué dans son ignorance et ses refus du sort commun, Bérenger consent finalement à son destin.

Malgré les railleries contre « les vieux sophismes » (p. 123), *Le roi se meurt* apparaît comme une des solutions aux difficultés sans issue apparente de la vie et de la mort. Un passage existe, semble dire Ionesco : c'est la « passerelle » (p. 154) des mots. Le verbe, et non l'amour comme il est dit au *Cantique des cantiques*, est plus fort que la mort. Il aide l'homme, en sa pauvre agonie, à contempler, c'est-à-dire à « perdre les choses, passer de l'autre côté du miroir, ce vieux symbole alchimique dont Lewis Carroll a fait un des accès du merveilleux et où Cocteau voit une porte de communication entre le monde des vivants et le monde des morts [2] ».

Que l'on admette ou non cette interprétation globale d'une œuvre aux multiples facettes, on peut au moins s'accorder sur ses caractéristiques dramaturgiques. Il est probable que *Le roi se meurt* amorce le dégel de ce que Bernard Dort appelle une « dramaturgie bloquée [3] ». Ionesco n'y refuse plus les « formes littéraires établies [4] ». Il s'abandonne à une sorte de renaissance du texte dans la théâtralité. Tout se passe comme si, après avoir dit sa méfiance devant un langage vidé [5], Ionesco s'était aperçu que certains grands thèmes - ici, la mort des hommes - ne se peuvent illustrer sans impact « littéraire ». Même s'ils sont trompeurs, les mots constituent la nervure du feuillage mental, dont se couvrent les mourants, plus encore que les vivants.

Il est probable aussi que *Le roi se meurt* amorce un retour à l'ancien théâtre que Grotowski [6] nomme « kleptomane [7] »

1. Cf. Frédéric Lefèbvre : *Entretiens avec Paul Valéry*, p. 161.
2. Jean Gaudon : *Le temps de la contemplation*, éd. Flammarion, 1969, p. 36.
3. Bernard Dort : *Théâtre réel*, éd. du Seuil, 1971, p. 212.
4. *Ibid.*, p. 214.
5. Le langage et les gestes de la vie quotidienne, que Bernard Dort a pu qualifier d' « hyper-naturalisme » parce que « l'homme n'est plus saisi au niveau d'une psychologie de convention mais à celui de ses seules paroles, de ses seuls actes détachés de tout contexte » (Bernard Dort : *Théâtre public*, éd. du Seuil, 1967, p. 309).
6. Jerzy Grotowski (né en 1935), homme de théâtre polonais, professeur, animateur, théoricien du théâtre pauvre, est venu en 1966 et en 1968 à Paris, où il a donné des représentations qui ont eu de larges échos dans l'avant-garde.
7. Grotowski : *Towards a poor theater* (1968), cité par Christiane Aubert dans *Critique*, n° 282, novembre 1970.

parce qu'il emprunte à tous les arts et s'inscrit dans une tradition culturelle. L'avenir dira si cette attitude est, ou non, un enrichissement. Nous pensons, quant à nous, que l'art dramatique ne peut guère survivre qu'en puisant aux sources de son passé, puisque l'homme, dont il raconte la vie et la mort, n'a d'existence mentale qu'à travers ses mythes ancestraux. Thanatos [1] a bien des masques, que l'humanité s'efforce d'arracher, mais son vrai visage est fait de traits incertains, comme ceux des rois.

1. *Thanatos :* génie qui personnifie la Mort dans la Grèce ancienne et qui a été utilisé comme personnage théâtral, notamment par Euripide, dans *Alceste*. Sisyphe, par ruse, l'avait un moment enchaîné, préservant ainsi les hommes de la mort. Contrairement à une tradition moderne, qui en fait une femme, probablement à cause du genre féminin du mot mort, Thanatos est un génie masculin. Dans l'*Alceste* d'Euripide, il combat contre Hercule.

Annexes

► Accueil de la critique

Lorsque le théâtre de l'Alliance Française crée *Le roi se meurt* le 15 décembre 1962, Eugène Ionesco n'est plus l'objet d'attaques virulentes comme celles qui accueillirent parfois ses premières pièces. La critique n'a pas suivi Jean-Jacques Gautier dans son refus de le considérer comme un « auteur important [1] ». On assiste, au contraire, à un retournement quasi général en faveur du dramaturge. On discerne une nouvelle période [2] du théâtre de Ionesco, on loue une réussite remarquable, même si certains chroniqueurs [3] parlent encore de verbiage et de banalité. Lors d'une reprise, en 1966, Jean-Jacques Gautier lui-même adopte l'auteur qu'il avait naguère qualifié de « fumiste » :

> « Oui, je le dis et je le répète, *Le roi se meurt* est une pièce humaine, dense, composée, écrite, d'une grande poésie; c'est une œuvre poignante. Et aussi drolatique. C'est une tragi-comédie shakespearienne. »
>
> (Jean-Jacques Gautier : *Le figaro*, 7 décembre 1966.)

A cette date, la pièce est généralement considérée comme classique, et un critique du *Monde* résume ainsi son adhésion :

> « La preuve est faite que *Le roi se meurt* est un "classique" aussi familier désormais que le scandale métaphysique auquel il s'oppose de toute sa naïveté inconsolable. »
>
> (B. Poirot-Delpech : *Le Monde*, 8 décembre 1966.)

---

1. Article de J.-J. Gautier dans *Le figaro* du 16 octobre 1955.
2. Voir l'analyse des périodes de la dramaturgie ionescienne dans la notice du *Roi se meurt*, par Colette Audry (éd. Larousse, 1968, p. 19).
3. Comme Robert Bourget-Pailleron dans *La revue des deux mondes* du 15 janvier 1963.

En 1963, lors de la création du *Piéton de l'air* par la compagnie Renaud-Barrault, la polémique avait pourtant repris. Un duel verbal opposa Ionesco lui-même à l'hedbomadaire *Arts*, à la table ronde radiophonique *Le masque et la plume*, mais *Le roi se meurt* échappait à l'éreintement.

Peu suspect de sympathie pour ce qu'il nomme « une âme chétive que tourmente, par intermittence, la très célèbre et bien nommée difficulté d'être », le chroniqueur des *Écrits de Paris* écrivit que *Le roi se meurt* est un

> « assez émouvant poème où nous assistons à la lente agonie d'un roi de jeu de cartes (...) on voit bien le symbole, et il est beau : ce roi qui se meurt, c'est le roi de la création, c'est l'homme. Ionesco atteint là à une vérité poignante, quoique fragmentaire, le destin de chacun recommençant toute l'aventure humaine, et l'univers entier s'écroulant avec nous, pour chacun de nous. Aussi l'ouvrage compte-t-il des moments d'un pathétique vrai (...) Le drame souffre toutefois du défaut majeur d'Ionesco, la pauvreté de la langue, la médiocrité du style. Cette littérature est vraiment d'une qualité assez basse ». (Georges Portal : *Écrits de Paris*, juin 1963, p. 117-118.)

Même si l'article se termine sur une incompréhension du style inoescien, il n'en demeure pas moins que Ionesco, même pour ses adversaires, est bien devenu un auteur avec lequel il faut compter. De nombreux jugements vont illustrer cette victoire du dramaturge.

Un long article de Jacques Lemarchand, paru dans *Le figaro littéraire* du 5 janvier 1963, a été reproduit par la plupart des essayistes. Nous n'en citons qu'un court extrait, peu retenu, parce qu'il éclaire une des significations de la mort de Bérenger :

> « ... ce n'est pas de la mort d'un innocent qu'il s'agit. Ce vieux roi (...) a vécu sans charité, il a tué, d'une façon ou de l'autre; il s'est même gobergé, sans trop penser aux autres. Au fond, il mérite la mort. »
> (Jacques Lemarchand : *Le figaro littéraire*, 5 janvier 1963.)

Parmi les meilleures études qui furent consacrées à la pièce, il faut signaler celle de R. Virolle. Dissimulée dans les pages d'une revue, elle constitue un essai très dense et très complet qui mérite de dépasser le public professoral et scolaire auquel elle fut d'abord destinée. Après avoir rappelé que *Le roi se meurt* marque une nouvelle étape de la dramaturgie ionescienne, après avoir rattaché la pièce à « la geste de Bérenger, personnage - Protée à qui Ionesco confie volontiers sa propre vie intérieure », l'auteur analyse les moyens utilisés par l'auteur pour « entraîner le lecteur dans un autre univers », puis il examine la « dimension métaphysique » du personnage principal :

> « Il n'est plus question d'inscrire le personnage dans une perspective psychologique de considérations sur la nature humaine, comme dans le théâtre classique, ni de chercher à voir comment il doit se comporter dans un monde absurde ou une société en devenir, selon le goût du drame moderne ; Ionesco cherche seulement à exprimer *le résultat de sa confrontation avec lui-même sur le problème de la mort*, son personnage n'a de liens ni avec le monde ni avec les autres, sinon sur le plan des désirs et des impulsions. »
>
> (R. Virolle : *L'école*, n° 18, 1964-65, p. 805.)

Cette « dimension métaphysique » permet à R. Virolle, en conclusion, d'interpréter ainsi la leçon du *Roi se meurt* :

> « Pas besoin d'adjectifs ; nous sommes dans l'ordre de la révélation. Quoiqu'en dise Ionesco, il est malgré tout une leçon dans sa pièce, une invitation idéaliste à prendre conscience, à travers l'agonie du roi, du « *guignol tragique* » qu'est ce passage de la vie à la mort, à l'utiliser comme catharsis et à faire en sorte que notre vie ne soit pas, comme celle de Bérenger, « qu'une courte promenade dans une allée fleurie, une promesse non tenue, un sourire qui s'est refermé. »
>
> (R. Virolle, *ibid.*, p. 819.)

En opposition à ce jugement, citons enfin l'un des derniers essais consacrés au théâtre de Ionesco :

> « L'angoisse de Bérenger n'est que celle de l'adieu au monde. Ni lui, ni les autres personnages ne s'interrogent sur l'audelà. Marguerite ne dit pas pourquoi mourir mais comment mourir. Le garde invoque le « Grand Rien ». Au terme de la « cérémonie », franchie la passerelle, tout est silence, vide, crépuscule. La recherche ontologique n'inclut pas de pensée théologique. Plus que philosophe ou croyant, Ionesco écrit ici en poète émerveillé, sensible aux couleurs du monde, à la saveur de la vie. »
>
> (Claude Abastado : *Eugène Ionesco*, Coll. « Présences littéraires », Éd. Bordas, 1971, p. 174.)

Aux sources imaginaires de la mort du roi ◀

La boue et les rêves

Toute imagination a ses éléments favoris. Celle d'Eugène
Ionesco s'envole volontiers dans l'air [1], mais la rêverie
fondamentale qui s'écoule au plus près du thème du *Roi
se meurt* est celle de l'eau, de la boue et de la vase. Nous
proposons donc ici à une éventuelle démarche bachelar-
dienne [2] quelques notations sur l'émergence d'images de la
terre et de l'eau mêlées dans quelques-unes de ses pièces,
et l'analyse d'un récit précisément centré sur ces images
obsessionnelles.

Tueur sans gages

Le Bérenger de *Tueur sans gages* explique à l'Architecte le
trop méconnu mélange qui constitue la vérité d'un être.
En somme, lui dit-il, « monde intérieur, monde extérieur,
ce sont des expressions impropres, il n'y a pas de véritables
frontières entre ces soi-disant deux mondes [3] ». Et l'Architecte
le classe dans « la catégorie des tempéraments poétiques [4] ».
On ne saurait trop appliquer et cette définition caractérielle
et la poétique qu'elle entraîne à l'auteur du *Roi se meurt*.

   Chaque fois que Ionesco veut suggérer un malaise
vital, celui du vieillissement ou de la conscience de la mort,
chaque fois qu'il veut exprimer quelque plongée dans les
ténèbres du Moi angoissé, il recourt aux images de l'eau
salie, de l'eau solidifiée par la terre, ou inversement de la
Terre privée de sa sécurité solide par l'eau. On peut dire,
et les pages qui suivent souhaiteraient en convaincre le
lecteur, que la vase appartient au « cinéma intérieur » d'un
écrivain obsédé par la mort.

   S'efforçant de faire comprendre à l'Architecte le « chant
triomphal [5] » qui naît dans l'âme de qui éprouve le sentiment

---

1. Notamment dans *Le piéton de l'air*, qu'il s'agisse du récit publié dans la N.R.F.
du 1er février 1963 (repris dans *La photo du colonel*, p. 55 sqq.), ou de la pièce créée
en 1963, mais aussi dans *Tueur sans gages* (*Théâtre*, tome II, Gallimard, 1957,
p. 76 sqq.).
2. Gaston Bachelard (1884-1962), influencé par Jung, s'est appliqué, en divers essais,
à des recherches sur les sources de l'imagination poétique dans la matière. Cf.
notamment *L'eau et les rêves* (1940), *L'air et les songes* (1942), *La terre et les rêve-
ries du repos* (1945).
3. *Tueur sans gages*, in *Théâtre*, tome II, éd. Gallimard, 1958, p. 73.
4. *Ibid.*, p. 74.
5. *Tueur sans gages*, in *Théâtre*, tome II, éd. Gallimard, 1958, p. 78.

d'une immortalité euphorique, Bérenger décrit l' « énergie aérienne [1] » qui rayonne du monde et de son être. Au contraire, lorsqu'il ressent le poids de son existence, il s'imbibe d'images d'humidité boueuse [2]. C'est ce qu'il nomme « l'hiver de l'âme [3] » ou « le perpétuel novembre [4] ».

Victimes du devoir

Plus nettement encore, on retrouve ces images d'eau et de boue dans *Victimes du devoir*. Lorsque le Policier l'oblige à une sorte de plongée somnambulique en lui-même pour retrouver Mallot, Choubert mime « comme une descente au fond des eaux, la noyade [5] ». Il décrit cette disparition du présent, de la réalité, comme un envasement : « Je marche dans la boue. Elle colle à mes semelles... Comme mes pieds sont lourds ! J'ai peur de glisser [6]. » Choubert continue de s'enfoncer : « La boue m'arrive au menton [7] », mais sa femme, Madeleine, sous le charme du Policier, l'encourage à poursuivre cette quête de Mallot : « Tu laisses encore voir tes cheveux... Descends donc. Étends les bras dans la boue, défais tes doigts, nage dans l'épaisseur [8]... » Et finalement Choubert entrevoit sa propre mort : « Je vais être seul dans la nuit, dans la boue [9]... »

Le roi s'enlise

L'impression d'envasement, cette asphyxie par enterrement, reparaît fugitivement dans *Le roi se meurt*. Même si l'humour en atténue la puissance pathétique, il n'en faut point méconnaître la signification symbolique. Alors que Bérenger Ier vient d'en appeler au soleil, à sa chaleur et à sa lumière, Marie et Juliette pleurent. Leurs larmes entraînent un calembour de la reine Marguerite que nous avons déjà cité : « Elles l'enlisent davantage, ça le colle, ça l'attache, ça le freine » (p. 103). Et le roi file la métaphore : « Je m'enfonce, je m'engloutis... » (p. 104), métaphore de la plongée qui culmine, un peu plus loin, dans le jeu de mots du Garde sur

1. *Ibid.*, p. 77.
2. *Ibid.*, p. 65-67.
3. *Ibid.*, p. 74.
4. *Ibid.*, p. 79.
5. Note marginale de l'auteur, *Victimes du devoir*, in *Théâtre*, tome I, Gallimard, 1954, p. 193.
6. *Ibid.*, p. 190.
7. *Ibid.*, p. 192.
8. *Ibid.*, p. 193.
9. *Ibid.*, p. 196.

le bathyscaphe (p. 109). Quelques instants plus tard, alors que Bérenger Ier lutte encore, mais agonise, Marguerite décrit les progrès de la mort par une nouvelle référence à l'envasement : « Tu es enlisé dans la boue » (p. 148).

La vase

Ce jalonnement des résurgences de l'image boueuse dans le théâtre de Ionesco trouve sa justification majeure dans un texte qui peut être considéré comme un galop d'essai du *Roi se meurt*, le récit intitulé *La vase*, publié en 1956 dans la revue « Cahiers des saisons », et repris dans *La photo du colonel*[1]. Ce récit concrétise en effet l'une des directions imaginaires qui aboutit dramatiquement au *Roi se meurt*.

Comme il s'analyse autant qu'il produit, Ionesco a lui-même précisé l'écartèlement qui caractérise sa vie intérieure et provoque à la fois sa passion et ses créations artistiques. Dans une *Communication pour une réunion d'écrivains*[2], il a déclaré que l'œuvre d'art « surgit des profondeurs de l'âme (...) s'impose à son auteur », et dans une causerie faite à Lausanne en 1954 - dont nous connaissons le début -, il a précisé : « Deux états de conscience fondamentaux sont à l'origine de toutes mes pièces (...). Ces deux prises de conscience originelles sont celles de l'évanescence ou de la lourdeur; du vide et du trop de présence, de la transparence irréelle du monde et de son opacité; de la lumière et des ténèbres épaisses[3]. » Le récit intitulé *La vase* est l'illustration d'un de ces « deux états ».

Un homme dans la force de l'âge y décrit d'abord l'anarchie biologique qui s'installe en lui : « Cela commença par de très légères, à peine perceptibles fatigues, tout à fait passagères mais se répétant[4]. » L'homme prend conscience d'un déclin de ses forces de vie. Il éprouve quelque difficulté à se lever tôt, comme il en avait d'habitude, et plus généralement une difficulté d'être. Il retrouve le jour sans l'allégresse des années antérieures. Il a recours à l'alcool pour retrouver une énergie défaillante, mais il devient anormalement sensible à « une certaine monotonie des villes, des campagnes, des saisons[5] ».

1. Éditions Gallimard, 1962, p. 131 sqq.
2. Recueilli dans *Notes et contre-notes*, p. 126.
3. Recueilli dans *Notes et contre-notes*, p. 140.
4. *La vase*, in *La photo du colonel*, éd. Gallimard, 1962, p. 131.
5. *Ibid.*, p. 133.

Peu à peu s'installent en lui le pessimisme et la mélancolie, l'irritabilité, et cet épuisement des gens minés par une mauvaise santé sous une apparence de bonne mine. Rien n'y fait, ni le régime alimentaire, qui le plonge « dans une sorte de brume mentale [1] », ni la sobriété, qui l'alourdit. S'il ne cesse pas toute activité, entraîné qu'il est à la mécanique laborieuse, il devient hyper-sensible aux bruits et, dans la demi-surdité de défense qu'il adopte, finit par vivre dans un monde insonore qui sécrète l'ennui. Le mal évolue : la pensée s'obscurcit, la fatigue grandit, le corps cesse d'être un serviteur docile [2]. La nuit se peuple de visions qui le réveillent. Il se néglige, se cloître dans sa chambre, au point qu'on finit par l'oublier.

Son atonie et son angoisse le rendent vulnérable aux poisons de la nuit : « Soudain, une nuit, je fus réveillé en sursaut, couvert de sueur, par le cri de ma propre frayeur (...). Je me soulevai, m'assis entre les oreillers, tremblant : Qu'avais-je compris dans ma panique ? Qu'avais-je entendu ? Quel suprême avertissement m'avait-il été donné ? Plus rien, dans la mémoire, qu'un trou brûlant ; rien, tout autour, que l'obscurité impénétrable, terrifiante, une odeur de décomposition. La menace, immédiate, irrévocable, était, sans doute, sur le point de s'accomplir jusqu'au bout : avais-je quelque chose à défendre ? Était-il donc illicite, était-il si grave de s'abandonner ? Est-ce que l'on meurt [3] ? »

L'affolement envahit tout son être. Il tente de vérifier sa vie en palpant son propre corps et, dans la crainte d'être surpris par la mort, décide de se remettre au travail et de reprendre une existence soignée. Des projets prolifèrent dans son esprit, comme autant de futurs résolus : « J'ouvrirai des portes, je sortirai, traverserai des cours, des prés, franchirai des clôtures, passerai le petit pont du ruisseau, le pont du chemin de fer, arriverai aux trois chemins, prendrai celui de droite, qui monte, m'élèverai au-dessus du vieux moulin, du hameau bleu, de la chapelle, grimperai sur la colline, par-delà le champ de blé et de coquelicots, déboucherai en plein soleil, chanterai [4]. »

Notre « piéton de l'air » brûle d'impatience. Il se répète toutes les actions qui prouvent la vie, sans trop savoir « par où commencer [5] ». Ils se rendort, puis se réveille encore,

1. *Ibid.*, p. 137.
2. On remarquera le parallélisme des infirmités progressives de Bérenger Ier et des dégradations que décrit le héros de *La vase*.
3. *Ibid.*, p. 147.
4. *Ibid.*, p. 149.
5. *Ibid.*, p. 152.

troublé par la difficulté de faire un choix parmi tant de résolutions. Lorsque le jour paraît, il se lève et, à force de courage, parvient à s'habiller. Il s'en va, descendant « comme en rêve les marches de l'escalier [1] », avance dans la campagne comme un somnambule, et parvient jusqu'à un chemin creux : « Il y avait de la boue, des flaques d'eau, un léger frémissement des arbres, le cri plaintif d'un animal venant des buissons; la boue pénétrait mes chaussures [2]. »

Grâce à quelque véhicule de fermier, il pense atteindre un bourg voisin, puis la sous-préfecture, où il se plongera dans la joie de vivre d'amis épiciers. Mais cependant que, nouvelle Pérette [3], il échafaude des rêves de salut, il se trouve devant une flaque aux proportions de mare. Il s'efforce de la contourner, hèle en vain un charretier qui passe, glisse enfin au milieu des roseaux. Il s'étend prudemment, les bras en croix, décidé à se reposer avant de reprendre sa marche, chassant toute pensée pour récupérer des forces.

L'homme perd conscience. Lorsqu'il se réveille il a complètement perdu la notion du temps. Un crapaud le regarde, puis s'en va. Un oiseau de proie ravit un moineau. La brume s'épaissit. Il est dans une atmosphère de cauchemar, au point qu'il se croit un moment qu'il est mort. Mais la conscience lui revient et il tente de regagner son auberge. La boue entrave sa marche, une marche hors du temps, qui dure des jours et des nuits : « Je trébuchai, glissant sur une motte de terre, me relevai. J'étais une statue gluante se déplaçant (...). Soudain, mes jambes n'en purent plus, je tombai de nouveau. Je tentai, machinalement, de me relever, glissai, renonçai (...) c'était un jour sans heure. Je m'étendis sur le dos, tout doucement [4]. »

En proie à la plus profonde tristesse, il revit ce qui fut beau, lumineux, coloré, touffu, parfumé, ce qui fut la vie passée [5]. La pluie recommence à tomber. Il a repris sa marche, mais une nouvelle chute [6] le prive de sa liberté de mouvement : « Sans douleur, mon bras droit se détacha de mon épaule. En tombant dans la boue, il ne fit entendre qu'un bruit mou, puis je le vis s'engloutir doucement dans la vase [7]. » Envasé, l'homme s'immobilise progressivement. Sa respiration devient

1. *Ibid.*, p. 153.
2. *Ibid.*, p. 154.
3. La Pérette de La Fontaine, dans *La laitière et le pot au lait*.
4. *La vase*, op. cit., p. 158-159.
5. Autre parallélisme entre les efforts de Bérenger Ier pour susciter tout ce qui est vie, fût-elle passée, et cette rêverie du héros de *La vase*.
6. On sait que, dans *Le roi se meurt*, les trébuchements et les chutes de Bérenger Ier ont une signification symbolique.
7. *Ibid.*, p. 162-163.

difficile. L'humidité et la brume le pénètrent. Il devient comme étranger à son propre corps : « Le bras gauche s'était défait à son tour en même temps que se défaisaient les derniers restes de la sensibilité, de la souffrance physique [1]. » Il n'a pourtant pas perdu conscience : « La boîte cranienne tenait bon encore et mes yeux étaient toujours secs, la vue nette, précis les contours des choses (...). Je fermai les yeux comme pour mieux voir à l'intérieur et, parmi les cris inarticulés, les sortes de sanglots rythmés par les pulsations déréglées du cœur, je vis comme des flammes léchant des pans de murs [2]. »

Lorsqu'il rouvre les yeux, l'homme retrouve « une lucidité pure [3] ». La peur a disparu : « Je recommencerai, dis-je en fermant la paupière. Les brumes s'étaient dissipées et c'est avec l'image bleue d'un ciel lavé que je partis [4]. »

L'envasement et la mort

Ce récit cauchemardesque constitue la version poétique de la mort du roi. On y peut suivre l'enfoncement progressif de l'être dans l'immobilité funèbre, son dépouillement, le dérèglement d'une conscience, qui se réfugie dans les souvenirs, les remords et les regrets, avant d'entrer dans la résignation. Cet itinéraire dans la boue symbolique, c'est peut-être celui de Ionesco malade, ou reconstitué après une maladie. C'est à coup sûr celui de Bérenger Ier, celui de tout homme qui a le temps de voir se dissoudre la vie. Malgré la fréquence du thème dans la littérature, peu d'écrivains ont aussi bien décrit le bout de la route qui mène à la dernière boue, où l'homme s'enlisa, s'enlise et s'enlisera jusqu'à la mort de la mort.

1. *Ibid.*, p. 166.
2. *Ibid.*, p. 165-166.
3. *Ibid.*, p. 166.
4. *Ibid.*, p. 167. Au « départ » du héros de *La vase* correspond la marche finale de Bérenger Ier vers la passerelle du trône-tombeau.

1. Études de la dramaturgie de Ionesco

- L'irréalisme dans *Le roi se meurt*.
- Le « classicisme » de Ionesco (cf. l'article de B. Poirot-Delpech : *Le Monde* du 8 décembre 1966).
- Le comique dans le théâtre de Ionesco (cf. l'article de Serge Doubrovsky : *Le rire d'Eugène Ionesco*, NRF, février 1960).
- Étude de la dramaturgie ionescienne à partir des notes marginales de mise en scène du *Roi se meurt*.
- L'influence d'Alfred Jarry [1] sur Ionesco (utiliser notamment *Tout Ubu*. Édition Livre de poche, 1962).
- La dramaturgie de Ionesco et celle de Beckett d'après *Le roi se meurt* et *Oh, les beaux jours*.
- Étude comparative de l'installation, dans un être, de l'anarchie biologique, à partir du récit *La vase* et des répliques royales du *Roi se meurt*.
- A la lumière du *Roi se meurt*, étudier cette formule de Ionesco : « Le théâtre est pour moi la projection sur scène d'un état d'esprit. »
- La « cérémonie » du *Roi se meurt* n'est-elle qu'une « tempête sous un crâne » ?
- Ionesco n'est-il, aux termes d'un article du critique Jean-Jacques Gautier, qu' « un plaisantin (...), un mystificateur, donc un fumiste » (*Le figaro* du 16 octobre 1955).

2. Études thématiques

- Le théâtre de Ionesco est-il un « théâtre de la cruauté ? » L'étude peut partir des divers écrits d'Antonin Artaud réunis dans *Le théâtre et son double* (Collection « Idées », Gallimard, 1964, notamment p. 129 sqq., p. 186 sqq.). On utilisera aussi un essai de Jacques Derrida : *Le théâtre de la cruauté et la clôture de la représentation* (in *Critique*, n° 230. Juillet 1966, p. 595-618). On pourra s'aider, dans l'élaboration d'un devoir sur les rapports entre les théories d'Antonin Artaud et le théâtre de Ionesco, d'un chapitre de *Ionesco* par Claude Abastado, Éditions Bordas, 1971, p. 218 sqq.

---

1. Jean Duvignaud bien avant *Le roi se meurt* disait de Ionesco : « C'est peut-être le seul successeur véritable de Jarry » (N.R.F., 1er mai 1953, p. 895). On notera tout particulièrement la théorie de l'identité des contraires, chère à Jarry, développée par Nicolas d'Eu dans *Victimes du devoir* (*Théâtre*, tome I, p. 219 sqq.) .

- La difficulté d'être dans *Le roi se meurt*.
- La volupté d'être dans *Le roi se meurt*.
- L'approche de la mort, dans *Le roi se meurt*, correspond-elle à cette description de Montaigne : « Elle me pille » (*Les essais*, III, 4)?
- La pièce *Le roi se meurt* illustre-t-elle seulement ce slogan :
  « A-bas-la-mor-ta-li-té !
  Nous-vou-lons-l'é-ter-ni-té »
  (in *Johnnie Cœur*, de Romain Gary, Éditions Gallimard, 1961, p. 126)?
- La vie et la mort dans le théâtre de Beckett et dans celui de Ionesco.
- A l'aide de références au *Roi se meurt*, illustrer cette formule de Saint-Évremond :
  « Le plus grand plaisir qui reste aux vieillards, c'est de vivre. »
- Apprécier ce jugement de R. Virolle sur *Le roi se meurt* :
  « Toutes les catastrophes aperçues par le Bérenger volant du *Piéton de l'air* semblent s'être abattues sur le royaume : l'heure de la mort, pour chacun de nous, est aussi celle de la fin du monde. Nous étendons à tout notre néant prochain [1]. »
- A propos du *Roi se meurt*, examiner la portée de cette formule de Novalis : « L'humanité est un personnage au rôle humoristique. »
- Analyser la diatribe de Bérenger contre la mort dans *Tueur sans gages* (Acte III, in *Théâtre*, tome II, p. 163 sqq.).

3. Études des personnages

- Le roi Lear et le roi Bérenger [2].
- Le personnage de Bérenger dans les œuvres de Ionesco (récits et œuvres dramatiques).
- Bérenger Ier est-il un personnage ou un état d'âme ?
- Pourquoi Ionesco a-t-il attribué au Médecin du *Roi se meurt* de multiples fonctions : chirurgien, bourreau, bactériologue et astrologue ?

1. On pourra éclairer une étude de ce type par référence à la phénoménologie de Merleau-Ponty, pour qui l'homme se définit par sa présence au monde, par son pouvoir sur le monde. La mort, qui est mort au monde, s'amorce par une mort du monde, ce qui est visualisé par Ionesco dans sa pièce. Ionesco lui-même a déclaré : « Chaque fois qu'un homme meurt (...) il a le sentiment que le monde entier s'écroule, disparaît avec lui. » (Propos recueillis par Claude Sarraute. *Le Monde*, 19 décembre 1962.)
2. Outre la lecture du *Roi Lear*, de Shakespeare, et la lecture des commentaires de R. Fluchère dans *Œuvres complètes* de Shakespeare (éd. Pléiade, tome II), on lira les pages que S. de Beauvoir consacre à Lear dans *La vieillesse*, éd. Gallimard, 1970, p. 177 sqq.

- Le personnage du Garde, dans *Le roi se meurt*, n'est-il qu'un écho sonore ?
- Y a-t-il une psychologie de Juliette dans *Le roi se meurt* ?
- Parallèle Marie-Marguerite.

4. Études stylistiques

- Le vocabulaire affectif dans *Le roi se meurt*.
- Le saugrenu lexical dans *Le roi se meurt*.
- Étude stylistique des « correspondances » dans *Le roi se meurt*.
- La tentation lyrique des personnages du *Roi se meurt*.
- Nature et fonction des lieux communs dans *Le roi se meurt*.
- La conjugaison des verbes (présent, passé, futur) dans *Le roi se meurt*.

Indications bibliographiques ◄

Pour une bibliographie détaillée, et quasi complète à sa date, on se reportera à :

PAUL VERNOIS : *La dynamique théâtrale d'Eugène Ionesco*, éd. Klincksieck, 1972, p. 277-294,

ŒUVRES D'EUGÈNE IONESCO

Théâtre (Éditions Gallimard, collection blanche).

Tome 1 : *La cantatrice chauve; La leçon; Jacques ou la soumission; Les chaises; Victimes du devoir; Amédée ou comment s'en débarrasser* (1954).

Tome 2 : *L'impromptu de l'Alma; Tueur sans gages; Le nouveau locataire; L'avenir est dans les œufs; Le maître; La jeune fille à marier* (1958).

Tome 3 : *Rhinocéros; Le piéton de l'air; Délire à deux; Les salutations; La colère* (1963).

Tome 4 : *Le roi se meurt; La soif et la faim; La lacune; Le salon de l'automobile; L'œuf dur; Pour préparer un œuf dur; Le jeune homme à marier; Apprendre à marcher* (1966).

Récits

La photo du colonel (Éditions Gallimard, 1962), recueil qui contient : *Oriflamme; La photo du colonel; Le piéton de l'air; Une victime du devoir; Rhinocéros; La vase; Printemps 1939.*

Essais

Notes et contre-notes (Éditions Gallimard. Collection « Pratique du Théâtre », 1962).
Notes et contre-notes (édition augmentée, Gallimard. Collection « Idées », 1966).

Mémoires et fragments divers

Journal en miettes (Éditions du Mercure de France, 1967).
Présent passé passé présent (Éditions du Mercure de France, 1968).
Découvertes (Éditions Skira, Collection « Les sentiers de la création », Genève, 1969).
Entretiens avec Claude Bonnefoy (Éditions Pierre Belfond, 1966).

Éditions séparées du « Roi se meurt »

Collection « Le Manteau d'Arlequin » (Éditions Gallimard, 1963).
Collection « Nouveaux classiques Larousse » (Éditions Larousse, 1968).

Ouvrages consacrés, en totalité ou en partie, au théâtre de Ionesco

CLAUDE ABASTADO : *Ionesco* (Éditions Bordas, 1971). Excellente étude générale sur Ionesco.

MARC BEIGBEDER : *Le Théâtre en France depuis la Libération* (Éditions Bordas, 1960). Étude générale, riche d'aperçus sur le Ionesco d'avant *Le roi se meurt.*

SIMONE BENMUSSA : *Ionesco* (Éditions Seghers. Collection « Théâtre de tous les temps », 1966).

RICHARD N. COE : *Ionesco* (Edinburgh and London, Oliver and Boyd). Ouvrage non traduit en français.

BERNARD DORT : *Théâtre public* (Éditions du Seuil. Collection « Pierres vives », 1967). Un seul essai est consacré à Ionesco (p. 251-254) mais il est d'une remarquable densité.

MARTIN ESSLIN : *Théâtre de l'absurde* (Éditions Buchet-Chastel, 1963).
Au-delà de l'absurde (Éditions Buchet-Chastel, 1970). Études générales sur le théâtre moderne dans le monde.

ÉTIENNE FROIS : *Rhinocéros* (Éditions Hatier. Collection « Profil d'une œuvre », 1970). Bon essai sur l'une des pièces les plus connues de Ionesco, où l'on trouvera notamment des études sur la satire du langage stéréotypé, sur les problèmes de mise en scène et, en annexe, le texte de la nouvelle intitulée *Rhinocéros*, d'où Ionesco a tiré sa pièce.

MARTA GLUKMAN : *Eugène Ionesco y su teatro* (El Espelo de Papel, Universitad de Chile, 1965). Ouvrage non traduit en français.

LÉONARD PRONKO : *Eugène Ionesco* (Columbia University Press, 1965).
Théâtre d'avant-garde (Éditions Denoël, 1963).

PHILIPPE SÉNART : *Ionesco* (Éditions Universitaires, collection « Classiques du XXᵉ siècle », nouvelle édition mise à jour, 1964). Présentation simple et claire, dans laquelle le critique met l'accent sur l'aspect mythique de l'œuvre de Ionesco.

Articles consacrés au théâtre de Ionesco en général, ou plus particulièrement au « Roi se meurt »

1. *Numéros spéciaux de revues*
Cahiers des Saisons, nᵒ 15 (hiver 1959), numéro « Ionesco ».
Cahiers Renaud-Barrault, nᵒ 29 (février 1960), numéro spécial : « Vingt-deux mille ans de tradition rhinocérique. »
Drame Review (Spring 1963), numéro spécial sur Jean Genet et Ionesco.

2. *Articles divers*

COLETTE AUDRY : Introduction au *Roi se meurt* (Éditions « Nouveaux petits classiques » Larousse, 1968).
Beau travail, qui dépasse le caractère scolaire de ces sortes de pages, et qui est un solide essai sur la pièce.

THÉO BUCK : *Ionesco et notre réalité*, in « Recueil commémoratif du dixième anniversaire de la Faculté de Philosophie et Lettres », publications de l'Université Lovanium de Kinshasa. Édition Nauwelaerts. Louvain, 1968.

SERGE DOUBROVSKY : *Le rire d'Eugène Ionesco* (NRF, février 1960).

JACQUES LEMARCHAND : *Le roi se meurt* (*Figaro littéraire*, 5 janvier 1963).

GEORGES LERMINIER : *Clés pour Ionesco* (*Théâtre d'Aujourd'hui*. Septembre-octobre 1957).

B. POIROT-DELPECH : *Le roi se meurt* (*Le Monde*, 8 décembre 1966).

Revue de métaphysique et de morale : Ionesco, l'auteur et ses problèmes (octobre 1963).

RENÉE SAUREL : *Les blandices de la culpabilité* (*Les temps modernes*, juin 1959).

PIERRE-AIMÉ TOUCHARD : *Eugène Ionesco a renouvelé les mythes du théâtre* (*Arts*, 27 février-5 mars 1957).

HÉLÈNE VIANU : *Préludes Ionesciens* in « Revue des Sciences Humaines », janvier-mars 1965. Étude sur les premiers écrits en langue roumaine d'Eugène Ionesco.

Bibliographie complémentaire des publications du Collège de Pataphysique dans lesquelles apparaît Ionesco

1. *Pré-originales*
- *Cahiers du collège de pataphysique* n° 7 et n° 8-9 : *La cantatrice chauve;* n° 19 : *L'avenir est dans les œufs.*
- *Dossiers du collège de pataphysique* n° 1-2 : *Guignolade;* n° 7 : *Pièce à quatre.*

2. *Études sur Ionesco*
- *Cahiers du collège de pataphysique* n° 8-9 : études sur *La cantatrice chauve* et *La leçon;* n° 17-18 : étude sur *Comment s'en débarrasser.*
- *Dossiers du collège de pataphysique* n° 10-11 : étude sur *Rhinocéros;* n° 13 : à propos des « Rhinocéros ionescaux ».

3. « *Interview du Transcendant Satrape Ionesco par lui-même* », *Cahier du collège de pataphysique* de mars 1960 (texte repris dans *Notes et contre-notes.* Éditions Gallimard, 1962, p. 178 sqq.).

Imprimé en France par MAURY-IMPRIMEUR S.A. – 45330 – Malesherbes
Dépôt légal : Mars 1983
N° d'édition : 6242 – N° d'impression : B83/12757